Acquisition.com Книга I

$100 млн Офферы

Как делать настолько выгодные офферы,
от которых глупо отказываться

АЛЕКС ХОРМОЗИ

Отзывы

«**Проведя один день с Алексом, мы увеличили прибыль на 5 МИЛЛИОНОВ ДОЛЛАРОВ В ГОД,** не добавляя никаких новых услуг. Когда Алекс говорит о приобретении, вы должны слушать (если только вы не ненавидите деньги).»

— *Брук Кастильо, генеральный директор Life Coach School*

«Мою карьеру можно разделить на две главы: первая — 15 лет я бился головой о стену в попытках понять, почему я не реализую свой потенциал. Вторая глава началась, когда я прочитал «$100 млн Офферы» Алекса Хормози. Именно тогда у меня появилась уверенность, что я точно знаю, как добиться успеха, которым, как я знал, я способен наслаждаться. Если вы владелец бизнеса, который устал довольствоваться меньшим, чем ваш потенциал, эта книга быстро покажет вам, что это не ваша вина; никто не учил вас, как делать неотразимые предложения. **Эта книга изменит всё за несколько глав.** Считайте эту книгу своей второй главой. **Она абсолютный переломный момент.**»

— *Райан Дэниел Моран Грюндер, Capitalism.com*

«Мы впервые узнали об Алексе и сразу же купили его книгу. Это лучшая книга, которую я когда-либо читал по бизнесу. Наверное, самое главное, чему я научился у него, это тому, как в бизнесе брать с клиентов больше, и не чувствовать себя виноватым, типа «о боже, неужели я действительно могу это сделать?», но я думаю, что нет никого лучше, кто действительно объединяет пакеты и цены, так что вы не только можете поднять цену в своем бизнесе, но и одновременно увеличить ценность для клиента. **С тех пор, как мы начали работать с ним... в течение двух месяцев... наш бизнес уже приносил продаж на 10 миллионов долларов в год ... МГНОВЕННО УДВОИЛСЯ,** и прошло всего два месяца с тех пор, как мы связались с ним, и наш бизнес сейчас набирает обороты, чтобы **приносить 23 миллиона долларов в год продаж.** Просто изменив наши цены, нашу упаковку и в то же время обеспечивая лучшие результаты и итоги для клиентов, с которыми мы работаем.»

— *Эндрю Арге Грюндер, генеральный директор Accountingtax.com*

Acquisition.com Книга I

$100 млн Офферы

Как делать настолько выгодные офферы,
от которых глупо отказываться

АЛЕКС ХОРМОЗИ

Acquisition.com, LLC

7710 N FM 620

Building 13C, Suite 100

Austin, TX 78726

Оригинальное название:

$100M Offers: How To Make Offers So Good People Feel Stupid Saying No

Дизайн обложки: Шарлотта Чан Миккельсен

Фотография, иллюстрации и макет: Алекс Хормози

Перевод с английского языка: Денис Селиван

Макет: Эндрю Селиван по макету Алекса Хормози

<u>ОТКАЗ ОТ ОТВЕТСТВЕННОСТИ</u>

Основные принципы

Никаких правил

Спасибо

Лейле:

Ты моя опора в радости и горести:

*термин, которым описывают человека (обычно женщину), готового на всё
ради своего партнера, друга или семьи, даже если на кону стоит жизнь.*

Я бы не справился без тебя… и, честно говоря, даже не хотел бы пытаться.

Каждое утро хочется просыпаться, потому что рядом есть ты.

Спасибо, что остаешься самой собой, и не извиняешься за это.

Ты просто нереально крутая.

Тревору:

Ты лучший друг, о котором только можно мечтать.

Спасибо за бесконечные часы, которые ты потратил, разбивая в пух и прах идеи,
из которых получилась эта книга.

Без твоего стремления к простоте и ясности всё получилось бы вдвое хуже.

Я бесконечно благодарен за нашу дружбу.

С тобой мир кажется менее одиноким.

Ну, за то, чтобы вместе состариться и бурчать на всё подряд!

СОДЕРЖАНИЕ

НАЧИНАЙ ЗДЕСЬ

«Чрезмерные доходы зачастую приходят, когда ты идешь против общепринятого мнения, и при этом оно чаще всего оказывается верным. Если есть хотя бы 10-процентная вероятность получить выгоду в 100 раз больше обычного, то нужно каждый раз соглашаться на такой риск. Хотя в девяти случаях из десяти ты всё равно ошибёшься. Мы все знаем, что если ты хочешь выбить мяч за пределы поля, то часто будешь промахиваться, но иногда ты всё же выиграешь и попадешь точно в цель. Разница между бейсболом и бизнесом в том, что в бейсболе результат ограничен. Даже если ты отлично попал по мячу, максимум, что ты можешь заработать — это четыре очка. В бизнесе иногда, когда ты решаешься действовать, можно набрать 1 000 очков. Эта распределенная структура прибыли показывает, почему важно быть смелым. Крупные победы окупают множество провальных экспериментов.»

— Джефф Безос

Как предприниматели, мы делаем ставки каждый день. Мы игроки — ставим свои, с трудом заработанные, деньги на сотрудников, инвентарь, аренду, маркетинг и прочее в надежде получить больше, чем мы потратили. Часто мы проигрываем. Но иногда мы выигрываем и выигрываем по-крупному. Однако есть разница между ставками в бизнесе и ставками в казино. В казино удача не на твоей стороне. С правильными навыками ты можешь увеличить вероятность своего выигрыша, но ты никогда не сможешь обыграть казино. Напротив, в бизнесе ты можешь развивать свои навыки, чтобы изменить удачу *в свою пользу*. Проще говоря, обладая достаточными навыками, ты можешь стать хозяином игры.

После начала моей серии книг стало очевидно, что я не могу говорить ни о чем другом, не затронув сначала тему *оффера*: стартовую точку любых переговоров, с которой начинается сделка с клиентом. То, что ты буквально *предлагаешь* им в обмен на их деньги. Именно с этого всё и начинается.

Эта книга о том, как создавать прибыльные офферы. А именно, как *надежно* превращать деньги, вложенные в рекламу в (огромную) прибыль, используя комбинацию стратегий по ценообразованию, создания ценности, предоставления гарантий и названия продукта. Я называю правильную комбинацию этих компонентов: *Оффер Большого Шлема.*

Я выбрал этот термин частично в честь вышеупомянутой цитаты основателя Амазона Джеффа Безоса и понятия Большой Шлем в бейсболе, потому что это одновременно очень успешное и редкое явление. Дополняя эту бейсбольную метафору, нужно отметить, что на создание *Оффера Большого Шлема* требуется не меньше усилий, чем на неудачные удары в бейсболе. Разница заключается в мастерстве маркетолога и в том, насколько хорошо он соединяет свой оффер с желаниями своей аудитории. В бизнесе могут быть посредственные офферы: «одиночные удары» и «двойные», которые позволяют поддерживать игру, оплачивать счета и поддерживать работу компании. Но, в отличие от бейсбола, где Большой Шлем приносит максимум четыре очка, Оффер Большого Шлема может принести в тысячу раз большую прибыль и создать условия, при которых тебе больше никогда не придётся работать. Это было бы похоже на то, как если бы ты так хорошо ударил по мячу с первого раза, что автоматически выиграл бы все мировые соревнования на сто лет вперед.

Требуются годы практики, чтобы сделать что-то настолько сложное, как отбивание быстрой подачи в высшей лиге, и при этом чтобы это выглядело легко и просто. Твоя стойка, видение, прогнозирование, скорость мяча, скорость биты и положение корпуса — всё должно быть идеальным. В маркетинге и привлечении клиентов (процессе получения новых клиентов) существует столько же переменных, которые должны совпасть, чтобы действительно «попасть в яблочко». Но с достаточным количеством практики и навыков ты можешь превратить этот дикий мир привлечения клиентов, который каждый день будет подкидывать тебе крученые мячи, в «соревнование по выбиванию хоум-ранов», выбивая оффер за оффером за пределы стадиона. Для всех остальных твой успех будет выглядеть чем-то невероятным. Для тебя это будет просто «ещё один рабочий день». Даже у величайших «хиттеров» (отбивающих) всех времён было много неудачных ударов, так же как у выдающихся маркетологов в их послужном списке есть много неудачных офферов. Мы осваиваем навыки через неудачи и практику. Мы делаем это, зная, что девять из десяти раз мы ошибёмся. Мы всё равно продолжаем действовать смело, надеясь, что мы сможем сделать настолько хороший оффер, который принесёт нам большую прибыль.

Хорошая новость в том, что в бизнесе тебе достаточно создать *один* Оффер Большого Шлема, чтобы навсегда уйти на пенсию. Я сделал это четыре или пять раз за свою жизнь. Что касается моего послужного списка, то за всю свою карьеру я достиг соотношения дохода к расходам на рекламу 36:1. Если хочешь, то можешь считать это моей «средней результативностью». Это означает, что на каждый потраченный на рекламу доллар я получаю 36$ обратно, что эквивалентно 3600% возврата на вложенные средства. Это мой *средний* результат за восемь лет. И я продолжаю улучшать его.

Эта книга — моя попытка поделиться этим навыком с тобой, с фокусом именно на создание Офферов Большого Шлема, чтобы ты смог достичь такого же успеха. Это также первая книга из серии, которая предназначена для того, чтобы привести предпринимателей к финансовой свободе, или, проще говоря, к состоянию «могу позволить себе всё». В следующих книгах этой серии я буду более подробно рассматривать, как привлекать больше клиентов, превращать больше потенциальных клиентов в реальных, увеличивать доход от этих клиентов и другие уроки, которые я предпочел бы получить раньше, когда я масштабировал свои бизнесы.

Полезный совет: Быстрое и глубокое обучение через одновременное чтение и прослушивание

Вот лайфхак, который я открыл для себя уже давно... Если ты будешь слушать аудиокнигу, одновременно читая электронную или печатную книгу, ты увеличишь свою скорость чтения и запомнишь больше информации. Она будет сохраняться в большем количестве мест твоего мозга. Именно так я читаю большинство материалов, которые этого действительно стоят. Если ты хочешь это попробовать, возьми аудиоверсию и убедись сам. Возможно, ты найдёшь этот метод таким же ценным, как и я (человек, которому сложно сосредоточиться). Я потратил два дня на то, чтобы прочитать эту книгу вслух и записать аудиоверсию. Я решил рассказать про этот лайфхак в самом начале книги, чтобы у тебя была возможность использовать его, в том случае, если ты считаешь, что первая глава достаточно ценная, чтобы удерживать твоё внимание.

РАЗДЕЛ I
Как Мы Пришли к Этому

Голая правда

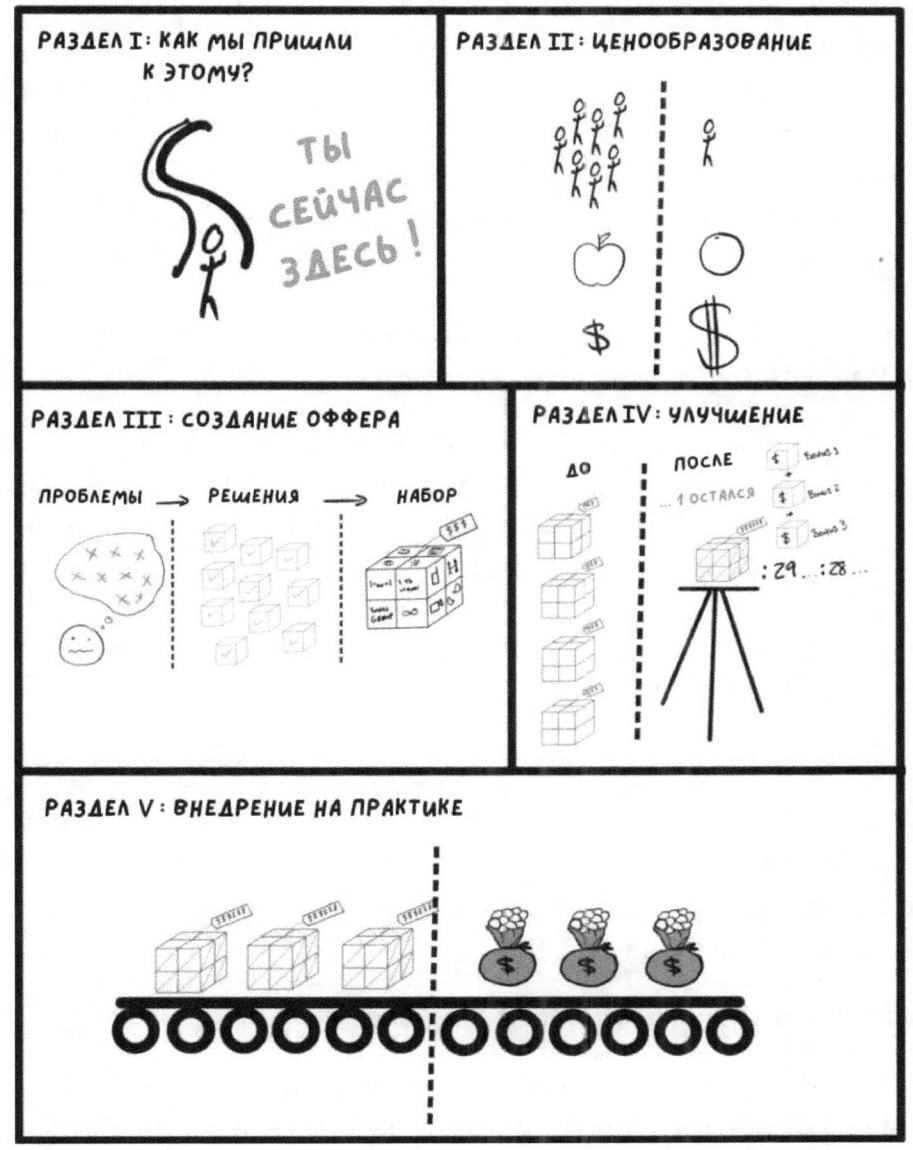

Как Мы Пришли к Этому

«Магия находит тех, у кого чистое сердце, даже когда кажется, что всё потеряно.»

- Морган Роудс

24 декабря 2016 года. Канун Рождества.

В кинозале была абсолютная темнота. Мои ботинки прилипали к полу, покрытому засохшей газировкой и раздавленными кусочками конфет. Мой нос уловил запах несвежего попкорна. Мы пришли слишком поздно, чтобы занять хорошие места, и оказались почти у самого экрана, в самом начале кинотеатра. В нескольких рядах передо мной экран сиял так ярко, что я больше ничего не видел. В его отражающемся свете я мог видеть очертания лиц родственников Лейлы. Они были словно загипнотизированы.

Я завидовал им. Они сидели заворожённые, наслаждаясь своим оплачиваемым отпуском на Рождество. *Наверное, им это приятно.*

Никто бы этого не заметил, но Лейла, на тот момент моя девушка, слишком хорошо меня знала. Любой другой бы подумал, что я смотрю фильм, но Лейла заметила, что я просто пялюсь в экран, не следя за происходящим в фильме. Моё лицо было бледным. Оно осунулось, а скулы торчали. Постоянный стресс на протяжении нескольких недель убил мой аппетит.

«Что случилось?» — спросила она.

Я не ответил.

Она положила свою руку на мою, чтобы привлечь внимание. Я никак не отреагировал. Через несколько мгновений её пальцы сжали моё запястье, и она посмотрела на меня, пытаясь поймать мой взгляд. «У тебя колотится сердце», — прошептала она с беспокойством.

Не задавая вопросов, она измерила мой пульс.

100 ударов в минуту. Почти в два раза больше, чем должно быть у здорового 27-летнего мужчины в «покое» в прохладной тёмной комнате.

«Что происходит?» — прошептала она, тихо, но с заметной настойчивостью.

Правда была в том, что я был ужасно напуган.

Несколько часов назад...

Я выглядел как великан, сидя на крошечном детском стульчике. Мои колени почти упирались мне в грудь, а ноги стояли на старом бежевом ковре. Мой ноутбук нагревался на моих согнутых коленях. Вокруг меня валялись куклы и игрушки. Они неподвижно смотрели на меня своими широко раскрытыми глазами и зубастыми улыбками. Последние несколько недель я был их единственным развлечением.

Я находился в доме родителей Лейлы. Недавно они стали бабушкой и дедушкой, и эту свободную спальню превратили в игровую для внуков, когда те приезжали в гости. У меня не было собственного жилья, поэтому они позволили нам с Лейлой оставаться у них «столько, сколько потребуется». Мне разрешили использовать эту детскую игровую как офис для моего «бизнеса», который на тот момент казался таким же вымышленным, как сказки, которые они рассказывали своим внукам в этой комнате.

Я чувствовал себя так, будто я играл в детскую игру. Только ставки были реальными. И это была моя жизнь.

Мои уши горели от того, что телефон был прижат к ним, казалось, долгими часами. Я постоянно менял руки, потому что они уставали держать телефон так долго.

«Извините, мистер Хормози, — сказал голос на другом конце провода, — но мы вынуждены заморозить эти средства на шесть месяцев. Мы заметили подозрительную активность, поэтому это мера предосторожности».

«Вы охренели? 120 тысяч долларов», — сказал я. «Мера предосторожности"?!»

«Извините, сэр, наша команда, которая оценивает риски…»

«Да, я вас услышал», — перебил я. «Мне это не подходит».

«Сэр, это не в моей власти, это просто наша поли…»

«А что мне сказать своему продавцу, у которого маленький ребенок и вот-вот родится ещё один? Вы собираетесь сказать ему, что он не сможет купить еду для своей беременной жены и ребенка? Вы собираетесь за него платить ипотеку?»

Я кипел от ярости.

«Сэр...» — снова начал он с невозмутимым безразличием, просто пытаясь передать сообщение.

«Вы не имеете права их забирать», — моя агрессия быстро перешла в отчаяние.

«Блин, просто отправьте мне половину, чтобы я смог заплатить сотрудникам», — умолял я. «Канун Рождества, чёрт побери!»

«Сэр, мы будем удерживать все ваши средства в течение следующих шести месяцев, согласно соглашению...» — я перестал его слышать.

Твою мать.

Я положил трубку и проверил свой баланс. *23 036 $.*

Я был должен заплатить комиссию 22 000 $ своему продажнику за сделки на сумму 120 000 $, которые я так и не получил. Не раздумывая долго, я перевёл ему эти деньги.

-22 000 $. Платёж выполнен успешно.

Баланс: 1 036 $.

Твою мать.

*Я сделал скриншот своего счёта, потому что знал,
что однажды я расскажу эту историю.*

***

Солнечный свет ослепил меня, когда мы вышли с дневного сеанса. Семьи входили и выходили через вращающиеся двери, наслаждаясь совместными моментами счастья. Я был растерян. Лейла вела меня к машине, крепко держа меня за руку.

«Что не так? Что произошло?» — спросила она.

«Деньги не придут».

«Что ты имеешь в виду?» — спросила она. «Они задержаны?»

Я тяжело выдохнул. «Нет, они всё оставляют себе».

«Они могут так поступить?!»

«Судя по всему, да», — ответил я спокойно, стараясь сохранить самообладание перед её родителями.

«А что ты будешь делать с комиссией?»

«Я уже ему заплатил. Всё», — сказал я, избегая смотреть ей в глаза.

Её беспокойство сменилась страхом.

Всю дорогу домой мы ехали молча. Я смотрел в окно. Она держала меня за руку. Это успокоило меня. *Мы справимся.*

30 дней назад...

Я решил поставить всё на свой новый бизнес, который назвал «Gym Launch». Идея была такая: я буду летать по стране и заполнять тренажерные залы клиентами до отказа, используя новую методику, основанную на оффере, который я довёл до совершенства, когда владел сетью тренажерных залов.

Перед этим я продал пять из шести своих залов. Средства от их продажи, результаты моего труда за всю жизнь, я положил на счёт, который у меня был с новым партнёром. Эти деньги должны были стать стартовым капиталом для нашей новой компании.

Я был уверен, что наконец-то добьюсь настоящего успеха.

Будильник зазвонил. Я нервно махнул рукой, наугад пытаясь нащупать прикроватный стол. Я выключил будильник, а Лейла продолжала спокойно спать, несмотря на громкие звуки.

Я лежал в тишине, проверяя банковские счета — это мой ежедневный ритуал. Баланс показывал 300 $.

Стоп. Этого не может быть. Вчера здесь было 46 000 $.

Мой адреналин резко повысился. Присмотревшись, я увидел: *«-45 700 $. Платёж выполнен успешно»*.

Я был в панике.

Деньги от продажи всех моих тренажерных залов исчезли. Я проверил, куда они ушли. Моему «партнёру». Он забрал всё.

Твою мать.

Последние четыре года моей жизни испарились так быстро. У меня официально не осталось ничего. И даже меньше, чем ничего. Ни залов. Ни оборудования. Ни сотрудников. Ничего.

Я чувствовал себя убитым.

Как будто этого было недостаточно, в тот же месяц моя мать оказалась в критическом состоянии после аварии, которая чуть не закончилась летальным исходом (и она всё ещё находилась под круглосуточным наблюдением), а я разбил свою машину в лобовом столкновении на скорости 60 миль в час (97 км/ч) и получил в качестве «утешительного приза» штраф за вождение в нетрезвом виде.

И это была вишенка на торте.

Единственное, что хоть как-то меня спасало в это время, была продажа нового «челлендж оффера» в одном тренажерном зале и получение 100% предоплаты моего «гонорара» за то, чтобы вывести их бизнес на новый уровень.

Итак, я делал единственное, что знал. Я *продавал*. Мой продажник заключил сделок на 120 000 $ за один месяц, и я был должен ему комиссию 22 000 $.

Проблема была в том, что 120 000 $ так и не поступили.

«Нам нужно поговорить», — сказал я, когда мы с Лейлой зашли в другую комнату. Я собирался духом, чтобы начать разговор, продолжая стыдливо смотреть в пол.

«У меня ничего нет», — сказал я ей. «Я тонущий корабль, и ты не обязана оставаться со мной».

Она взяла меня за подбородок и притянула моё лицо к себе, чтобы заглянуть в глаза: «Я бы жила с тобой под мостом, если бы до этого дошло».

Я бы заплакал от радости, но был настолько эмоционально истощён, что просто не осталось сил показать свои чувства.

Я бы не остался со мной.

«Итак, мы будем делать эти запланированные запуски с завтрашнего дня?» — спросила она. «Все мои друзья уволились с работы ради этого». Она просто констатировала факт, но мне всё равно было больно это слышать. Я чувствовал себя побеждённым. «Послушай, всё может пойти очень плохо».

«Я тебе доверяю. Мы разберёмся с этим».

На тот момент у меня оставались две вещи: Оффер Большого Шлема и старая бизнес-кредитка с лимитом 100 000 $, оставшаяся у меня со времён владения залами.

На следующий день после Рождества (через два дня после разрывающего душу звонка из банка) у нас был запланирован запуск шести новых залов... одновременно. С учётом перелётов, отелей, аренды машин, бензина и рекламного бюджета (всё умноженное на шесть), я собирался тратить по 3 300 $ в день — денег, которых у меня не было. Мои последние деньги ушли на оплату комиссионных продажнику.

Я до сих пор помню, как дрожала моя рука, когда я запустил рекламу: «Выкл. → Вкл.».

Вот так я влезал в долги со скоростью 412 $ в час. Вот так с моего счёта начали списываться 3 300 $ в день.

-3 300 $... Теперь у меня официально ничего нет.

-3 300 $... Теперь у меня официально меньше, чем ничего.

-3 300 $... Теперь у меня на 10 000 $ меньше, чем ничего.

-3 300 $... Это одно решение разрушит моё будущее навсегда.

Но всё начало налаживаться. Вот что произошло в тот месяц (январь 2017 года), как это задокументировано в моих старых выписках, которые я нашёл. В левой колонке ты видишь месяцы, а в правой — выручку, собранную за эти месяцы.

	Pending Authorizations		Charges		Refunds		Rtns/Chgbks		Voids		Declines		Totals	
	Count	Amount	Count	Amount	Count	Amount	Count	Amount	Count	Amount	Count	Aprvl Pct	Count	Amount
01/2017	0	$0.00	348	$102,605.64	7	$-2,488.33	0	$0.00	12	$2,002.98	148	70%	515	$100,117.31
02/2017	0	$0.00	847	$190,809.50	56	$-13,243.77	1	$-166.00	5	$1,247.00	232	78%	1141	$177,399.73
03/2017	0	$0.00	782	$177,820.58	61	$-12,701.50	4	$-997.00	21	$3,458.50	285	73%	1153	$164,122.08
04/2017	0	$0.00	704	$204,461.25	49	$-10,725.00	10	$-6,315.00	2	$-50.00	354	67%	1119	$187,421.25
05/2017	0	$0.00	191	$260,754.00	4	$-797.00	11	$-16,984.00	0	$0.00	42	82%	248	$242,973.00
06/2017	0	$0.00	214	$272,835.00	5	$-1,498.00	30	$-55,375.00	0	$0.00	1	100%	250	$215,962.00
07/2017	0	$0.00	282	$316,917.98	0	$0.00	21	$-23,450.00	0	$0.00	7	98%	310	$293,467.98
08/2017	0	$0.00	346	$393,370.62	0	$0.00	28	$-32,998.99	1	$100.00	45	88%	420	$360,371.63
09/2017	0	$0.00	478	$543,376.29	1	$-1,000.00	64	$-65,792.00	0	$0.00	41	92%	584	$476,584.29
10/2017	0	$0.00	799	$828,709.31	7	$-5,798.00	50	$-49,887.00	8	$8,000.00	31	96%	895	$773,024.31
11/2017	0	$0.00	1076	$1,132,319.31	8	$-8,000.00	66	$-64,296.00	1	$1.00	92	92%	1243	$1,060,023.31
12/2017	0	$0.00	1315	$1,363,956.31	13	$-17,296.00	83	$-82,899.00	1	$1,000.00	111	92%	1523	$1,264,561.31
01/2018	0	$0.00	1609	$1,621,972.81	15	$-28,175.00	97	$-88,995.00	8	$9,000.00	102	94%	1831	$1,504,802.81
Totals	0	$0.00	8991	$7,409,908.60	226	$-101,722.60	465	$-487,354.99	59	$24,759.48	1491	86%	11232	$6,820,831.01

Мы заработали 100 117 $! Этой суммы как раз хватило, чтобы покрыть те самые 3 300 $ в день, которые снимались с кредитки. Всё это действительно работало. Я с трудом мог в это поверить. Я пошел ва-банк, и Вселенная приняла мою ставку. Я прошёл путь от поиска адвокатов по банкротству до поиска решения, как распорядиться 3 000 000 $ прибыли, которую мы заработали за первый год. Это казалось нереальным. И, оглядываясь назад, мне до сих пор так кажется.

К концу года мы делали больше 1 500 000 $ в месяц. Ещё через двенадцать месяцев — 4 400 000 $ в месяц. В месяц. Спустя ещё два года мы преодолели отметку в 120 000 000$ выручки, пожертвовали 2 000 000 $, чтобы помочь людям из бедных районов получить больше шансов на лучшую жизнь. Мы встретились и подружились с Арнольдом Шварценеггером (моим кумиром из детства) и были приглашены в совет его благотворительной организации *After School All Stars*.

Мы с Лейлой встретились с Арнольдом Шварценеггером у него дома. Сейчас мы входим в национальный совет его благотворительной организации After School All Stars. Умение создавать Офферы Большого шлема открыло нам доступ к людям, о которых мы раньше могли только мечтать.

Спустя двенадцать месяцев, у нас было семь клиентов, которые зарабатывали от десяти миллионов долларов и больше, в самых разных отраслях: фотография, издательское дело, фитнес, бизнес-консалтинг, бьюти-индустрия, в различных типах бизнеса: сети офлайн-магазинов, программное обеспечение, услуги, электронная коммерция, тренинги и образовательные проекты. Эти компании сейчас зарабатывают около 1 600 000 $ *в неделю* — и эта цифра продолжает расти.

Я говорю об этом, потому что сам с трудом могу в это поверить. Всё это стало возможным благодаря девушке, которая поверила в меня, кредитной карте и Офферу Большого Шлема.

Я знаю, что только что «телепортировал» тебя из нищеты в богатство. И твой естественный вопрос: *как?* Именно этому я посвящу оставшуюся часть этой книги (и последующие книги и бесплатные курсы в серии Acquisition.com), чтобы подробно всё объяснить.

Навык создания офферов спас меня от банкротства и, возможно, спас мою жизнь. Я совершил множество ошибок в своей жизни. Я принимал так много плохих решений в своей жизни. Я причинял боль людям — сознательно и случайно. Я делал плохие вещи с хорошими намерениями. Я говорю это, потому что я обычный человек. Я не притворяюсь, что знаю ответы на все вопросы. У меня есть свои демоны, и я сражаюсь с ними каждый день. Но несмотря на все мои недостатки, я всё же сумел стать *мастером* в своем деле... и я хочу поделиться этим с тобой. Я могу научить тебя создавать отличные офферы.

Я не знаю, кто ты (да, именно ты, который сейчас читает это), но от всего сердца благодарю тебя. Спасибо, что позволяешь мне заниматься делом, которое имеет для меня смысл. Спасибо, что уделяешь мне свой самый ценный ресурс — своё внимание. Я обещаю сделать всё, чтобы твоё внимание окупилось с лихвой.

Вот первая хорошая новость: если ты читаешь это, то ты уже в 10% топов. Большинство людей покупают что-то и тут же забывают об этом. И ещё один спойлер: чем дальше ты будешь читать, тем больше ты найдёшь для себя полезного...

Продолжай, эта книга того стоит...

Миру нужно больше предпринимателей. Миру нужны люди, готовые бороться. Миру нужно больше магии. И это то, чем я делюсь с тобой — магией.

Оффер Большого Шлема

*«Сделай людям такое предложение,
от которого глупо отказываться.»*

- Трэвис Джонс

Мне было 23 года и, если цитировать Рут из Озарка: «Я вообще ни хрена не понимал ни в чём». Но вот я оказался в пентхаусе гостиницы в Лас-Вегасе вместе с десятью владельцами бизнеса, изучая маркетинг и продажи… На мне была моя самая модная футболка с надписью «Beast Mode» (футболка, которую я где-то получил на халяву, и это была одна из пяти футболок, которые у меня тогда вообще были).

Честно говоря, я был напряжён, неуверен в себе и думал, что совершаю огромную ошибку. Я заплатил 3 000 $ из денег, которых у меня не было, чтобы получить место за этим столом. Я знал, что мне нужно учиться. У всех там был бизнес… кроме меня. А я только собирался открыть свой — тренажерный зал.

Организатор ТиДжей владел несколькими успешными компаниями. Пока он рассказывал программу дня, я помню, как он мимоходом упомянул, что зарабатывает 1 000 000 $ в год.

Один. Миллион. Долларов. Я был ошарашен. *Я хотел быть таким, как этот парень.* Я был готов на всё. Проблема была в том, что я не понимал, о чём вообще шла речь. KPI? CPL? Конверсия? Моя голова шла кругом, пока я притворялся, что понимаю, о чем они говорят. Но я не понимал, а притворяться я не умею.

Между «сессиями» ТиДжей подошёл ко мне. Он сразу понял, что вляпался по полной. ТиДжей был добрым, любопытным и заботливым. После небольшой беседы он задал мне простой вопрос, который навсегда изменил мою жизнь…

«Хочешь узнать секрет продаж?»

Я никогда в жизни ничего не продавал. Я даже никогда не читал книг на эту тему. Я вообще только недавно узнал, что означает это слово (серьёзно). Я наклонился вперёд, готовый впитать каждое его слово.

Я открыл блокнот и уставился на него, внимательно слушая. Я был готов услышать этот *самый* секрет.

Он посмотрел на меня серьёзно и сказал: «Сделай людям такое предложение, от которого глупо отказываться».

Я кивнул, записал это, подчеркнул и обвёл в кружок. И в этот момент моё представление о продажах полностью изменилось.

СДЕЛАЙ ЛЮДЯМ ТАКОЕ ПРЕДЛОЖЕНИЕ,
ОТ КОТОРОГО ГЛУПО ОТКАЗЫВАТЬСЯ

Моя голова начала лихорадочно соображать. Я понял, что мне не нужно быть мастером продаж или даже просто уметь это делать хорошо. Мне просто нужно было придумывать такие офферы, на которые *любой* скажет «да». Самая грандиозная игра в моей жизни началась.

О чём эта книга

Когда-то каждый успешный владелец бизнеса был всего лишь «бизнес-мечтателем» — человеком, полным идей и разочарований из-за нереализованного потенциала. Но однажды что-то щёлкает, и человек осознаёт ужасный обмен, который он (и многие другие) совершают, меняя свою свободу на ложное чувство безопасности.

Их дискомфорт нарастает. И как только дискомфорт от того, что всё остается по-прежнему пересиливает дискомфорт от перемен, они делают решительный шаг:

Я стану предпринимателем, чтобы быть свободным. Свободным делать что угодно, когда угодно и с кем угодно.

Кто-то пришёл к предпринимательству через личностное развитие.

Кто-то — через франшизу.

Другие купили курсы.

А кто-то просто сказал: «Да к чёрту всё. Я сделаю это. Я справлюсь».

И они справились.

Большинство из нас открывает своё дело с намерением помочь людям. Часто эта помощь связана с чем-то, что мы сами пережили. Мы стремимся «отдать долг», создавая ценность для других, помогая им решить проблему, которая когда-то мучила нас.

Но иногда наш путь начинается иначе. В любом случае, мы цепляемся за мечту зарабатывать больше и быть свободнее, чем сейчас.

Многие из нас наивно думали, что владение бизнесом станет нашим высшим достижением — конечной целью, но на самом деле это было лишь началом.

И вот на пути от «горю желанием помочь другим» до «владею своим первым бизнесом» мы постепенно осознаём, что ничего не знаем о том, как вести этот бизнес, а уж тем более о том, как сделать его прибыльным.

Мы можем много знать о своей цели, *почему* начали бизнес, но это не означает, что мы разбираемся в том, как добиться успеха в этом бизнесе. К большому разочарованию идеалистов, наблюдающих со стороны, успех в бизнесе сводится к одному: убедить потенциальных клиентов обменять свои деньги на наши услуги. Наша цель — их тяжело заработанные деньги. Это и есть сделка.

Единственный способ облегчить этот обмен, заключить сделку и буквально сделать бизнес реальным бизнесом — *это сделать клиенту оффер (предложение).*

Что такое оффер?

Единственный способ вести бизнес — это обмен ценностями. Суть сделки: деньги в обмен на ценность. Оффер — это то, что *запускает* этот обмен. Проще говоря, оффер — это всё, что ты предлагаешь: товары или услуги, которые ты готов предоставить, способы оплаты, которые ты принимаешь, а также условия, на которых происходит сделка. Именно с оффера *начинается* путь привлечения клиентов и зарабатывания денег.

Оффер — это первое, с чем сталкивается новый клиент в твоём бизнесе. И так как именно оффер привлекает клиентов, он является жизненно важной частью твоего бизнеса.

Нет оффера? Нет бизнеса. Нет жизни.

Плохой оффер? Убытки. Нет бизнеса. Несчастная жизнь.

Посредственный оффер? Никакой прибыли. Застой в бизнесе. Застой в жизни.

Хороший оффер? Какая-то прибыль. Нормальный бизнес. Нормальная жизнь.

Оффер Большого Шлема? Фантастическая прибыль. Сумасшедший бизнес.

Свобода.

Эта книга помогает предпринимателям создавать те самые Офферы Большого Шлема. Это офферы, которые настолько эффективны, прибыльны и способны менять жизнь, что кажется, будто их успех — чистая удача! По крайней мере, так это выглядит для новичка.

Как ты, вероятно, уже понял, за последнее десятилетие я создал тысячи офферов. Большинство провалились. Некоторые оказались неплохими. А некоторые были на вес золота... но я *реально* никогда не понимал, почему. Как говорил доктор Бургельман, известный профессор Стэнфордской бизнес-школы: «Лучше понять, почему ты провалился, чем не осознавать, почему ты добился успеха».

Но поступившие данные показали, что, то, что казалось «удачей» и «везением», на самом деле гораздо ближе было к повторяемой схеме. Мне посчастливилось не раз найти «золотую жилу», поэтому я смог задокументировать эти схемы, и заставить «молнию ударить дважды».

Я собрал шаги и элементы этих схем в логический и удобный формат, чтобы они действительно стали полезными. Сегодня. Прямо сейчас. Я даю тебе реальные шаги, а не очередную унылую книгу с размытыми бизнес-теориями и ментальной мастурбацией.

Две главные проблемы большинства предпринимателей и как эта книга помогает их решить

Хотя ты *можешь* составить список проблем, с которыми ты сталкиваешься, длинной в километр, это отличный способ только сильнее загнать себя в стресс. На самом деле, почти все они сводятся к двум основным:

1) Не хватает клиентов.

2) Не хватает денег (прибыли в конце месяца).

Звучит очевидно, правда? Чтобы привлечь больше клиентов и решить первую проблему, нужно больше времени и денег. А эти деньги, как правило, берутся из твоей прибыли, что создаёт вторую проблему!

Но что больше всего раздражает, что потенциальные клиенты безжалостно сравнивают и принижают наши услуги, выбирая более дешёвые и откровенно посредственные альтернативы. И, конечно же, «побеждает» самый дешёвый вариант. Правда, эта «победа» означает только одно — больше работать за ещё меньшие деньги (грустный смайлик).

Допустим, ты снизил цены, чтобы привлечь больше клиентов. Возможно, у тебя даже очередь из клиентов. Но ты всё равно едва сводишь концы с концами, потому что прибыль слишком маленькая. А «конкуренция» превращается в настоящую гонку на дно.

Если ты застрял с одной или обеими из этих проблем, ты не одинок. Я сам через это прошёл. Думаю, *каждый* предприниматель сталкивается с такими же вызовами.

Также я хочу, чтобы ты знал: это не твоя вина. Типичные модели бизнеса не были созданы для максимизации прибыли. Их разрабатывали компании с огромными финансовыми ресурсами, которые могут позволить себе работать в убыток *годами*.

Когда такие модели применяют в реальной жизни, владельцы бизнеса едва «сводят концы с концами». По сути, они «покупают себе работу» и пашут по 100 часов в неделю, чтобы не работать 40. Так себе сделка.

Если ты хоть немного похож на меня, то наверняка рассчитываешь на что-то большее.

Будь открыт для нового. Если ты применишь то, что изложено в этой книге, твой бизнес может быстро преобразиться.

Не переживай, если ты не фанат цифр или бизнес-моделей. Всю эту работу я уже проделал за тебя. На этих страницах я проведу тебя по схеме шаг за шагом.

Я подробно объясню каждую из двух основных проблем, которые мы уже упомянули, в том числе о том, почему они не решаются. Затем я покажу тебе решения. И в завершение этого приключения я расскажу, как повысить ценность твоего продукта, чтобы максимизировать прибыль с каждого клиента, чтобы ты мог обойти на рынке всех конкурентов и начать грести деньги лопатой.

Мы используем эту модель оффера для самых разных ниш, с которыми работаем: мануальные терапевты, стоматологи, фитнес-клубы, агентства, сантехники, кровельщики, специалисты по уходу за животными, производители товаров, разработчики программного обеспечения, розничные магазины и многие другие. И удивительно, как быстро всё меняется к лучшему, когда они начинают применять эту систему.

Что это даст тебе?

Я совершил все (глупые) ошибки, какие только можно было сделать в бизнесе. Теперь ты можешь учиться на моих нелепых, жестких, многомиллионных провалах, не проходя через ту же боль.

Построение этих бизнесов оказалось для меня крайне тяжёлым и эмоционально изматывающим опытом. Я бы ни за что не променял эти уроки. Но если эта книга поможет хотя бы одному предпринимателю избежать тех трудностей, через которые прошёл я, и позволит сохранить свой бизнес или достичь своей мечты, всё это будет не зря.

Если ты готов выделить столько времени, сколько занимает просмотр двух эпизодов твоего любимого сериала, чтобы действительно изучить эту книгу — и если ты *внедришь* хотя бы один элемент оффера — я гарантирую, что ты привлечёшь больше клиентов и увеличишь свою прибыль.

Чтение этой книги и вдумчивое отношение к её идеям станет лучшей инвестицией твоего времени в бизнес. Ничто другое не даст таких же результатов за такое же время. Это моё обещание.

Кстати, внедрить новый оффер — это одно из самых простых действий, которые можно сделать в бизнесе. Так что ты действительно *справишься*. Это не какая-то замудрённая управленческая практика или абстрактные размышления о корпоративной культуре. Это настоящий рабочий метод «как продавать что угодно за большие деньги».

Что это даст мне?

Я предоставляю все эти материалы (эту книгу, сопутствующий курс и другие книги и курсы, которые можно найти на Acquisition.com) бесплатно или по себестоимости, чтобы помочь как можно большему числу людей зарабатывать больше и приносить больше пользы.

Я создал их с намерением дать тебе больше ценности, чем любой курс за 1 000 $, любая коучинговая программа за 30 000 $ и, что самое смешное, даже больше, чем университетский диплом за 200 000 $.

Хотя я мог бы продавать эти материалы за такие деньги, я не делаю это, потому что *я просто не хочу*. Я заработал своё состояние, *занимаясь* реальным бизнесом, а не *обучая тому, как им заниматься,* в отличие от большинства представителей маркетингового сообщества. Поэтому моя модель отличается (чуть позже я объясню).

Существуют два ключевых архетипа, которым я стремлюсь принести пользу через мои опубликованные материалы. Для архетипа I — предпринимателей с <u>прибылью</u> *менее* 1 000 000 $ в год — моя цель помочь тебе достичь этой отметки и *заслужить твоё доверие*. Попробуй несколько тактик из этой книги, посмотри, как они работают, затем примени ещё несколько, посмотри результаты... и так далее. Чем больше результатов ты будешь видеть в своём бизнесе, тем лучше.

Когда ты добьёшься успеха, ты станешь архетипом II — предпринимателем с <u>прибылью</u> *минимум* 1 000 000 $ в год. Если ты уже относишься к этой категории или добьёшься её, для меня будет честью инвестировать в твой бизнес и помочь тебе выйти на 30, 50 или 100+ миллионов долларов. Я не продаю коучинг, мастермайнды, курсы или что-то подобное. Вместо этого у меня есть портфель компаний, в которых я имею долю. Я использую инфраструктуру, ресурсы и команды всех своих компаний, чтобы ускорить их рост.

Но пока не верь мне на слово... *мы только познакомились.*

Если тебе интересно, <u>моя бизнес-модель проста, как и мой логотип в виде четырехгранной пирамиды:</u>

> (1)   Представлять ценность бесплатно, значительно превышающую то, за что остальной рынок берёт деньги.
>
> (2)   Давать предпринимателям инструменты, которые действительно работают и помогают зарабатывать, принося пользу большему числу людей.
>
> (3)   Завоёвывать доверие высокоэффективных владельцев бизнеса, которые используют эти схемы для масштабирования своих компаний.
>
> (4)   Инвестировать в такие компании, чтобы добиться большего эффекта в масштабе, продолжая помогать всем остальным бесплатно.

Если присмотреться, этот процесс как бы разбивает успех на части в обратном порядке. На мой взгляд, это довольно круто. Вот как это работает:

Я знаю, что эти владельцы бизнеса могут самостоятельно применить мои схемы без постоянной поддержки и поэтому, скорее всего, добьются успеха со следующим набором схем (путь к 30, 50 или 100 миллионам долларов выглядит иначе, чем путь к 3–10 миллионам долларов). Они знают, что мой подход работает, потому что он уже сработал у них. Таким образом, мы действуем на основе взаимного доверия.

Я доверяю, что они смогут внедрить всё на практике, а они доверяют, что наши инструменты работают — ведь они уже показали результаты. И всё это время я продолжаю помогать всем остальным… совершенно бесплатно. Такой подход позволяет мне заранее избегать провалов и существенно повышает вероятность успеха. Сейчас я покажу, как это работает…

На момент написания этой книги каждый бизнес, который я запустил с марта 2017 года, достиг выручки в 1 500 000 долл. в месяц. Согласно данным Управления по делам малого бизнеса США, вероятность того, что компания достигнет даже выручки в 10 млн. долл. в год, составляет всего 0,4% или 1 к 250.

Чтобы такое произошло четыре раза подряд, вероятность равна 0,4% × 0,4% × 0,4% × 0,4%, что делает вероятность удачи очень-очень низкой.

Поэтому я могу с уверенностью сказать, что мы знаем, как многократно воспроизводить успех, используя эти схемы, которыми я делюсь. Они работают, потому что основаны на вечных принципах бизнеса.

Каждый день я представляю, каково это просыпаться посреди ночи в холодном поту, ломая голову, как выплатить зарплату сотрудникам. Эти тяжёлые картинки не дают мне расслабиться, подталкивают двигаться вперёд и, в то же время, напоминают, как важно ценить спокойствие и стабильность, которые у меня есть сейчас.

Я хочу, чтобы ты тоже смог обрести это чувство уверенности и внутреннего покоя — как и все, кто искренне предан своему делу.

Согласен?

Отлично. Тогда приступим.

Основной план книги

Эта книга задумана как практическое пособие. То есть ты не просто прочитаешь её один раз — ты будешь возвращаться к ней снова и снова, как к инструменту в своём рабочем арсенале. Почему? Как говорил Эйнштейн: «Никогда не запоминай то, что можно найти».

Бизнес — это не спорт для зрителей. Ты не готовишься к экзамену и уж точно не занимаешься бесполезными размышлениями, как какой-нибудь оторванный от жизни философ. Ты работаешь. А для работы нужны инструменты. И эта книга, мой друг — один из таких инструментов.

Общий план книги

- Раздел I: Как мы пришли к этому (ты только что его закончил).

- Раздел II: Ценообразование. Как назначать высокую цену за свои продукты.

- Раздел III: Ценность: создание твоего оффера. Как сделать что-то настолько хорошее, чтобы люди выстраивались в очередь за покупкой.

- Раздел IV: Улучшение оффера. Как сделать его настолько привлекательным, чтобы отказаться было бы просто глупо.

- Раздел V: Следующие шаги. Как применить всё это на практике.

Для получения бесплатных курсов и книг, которые настолько хороши, что помогут прокачать твой бизнес даже без твоего участия, переходи по ссылке:

Acquisition.com/training/offers

Или просто отсканируй QR-код

РАЗДЕЛ II
ЦЕНООБРАЗОВАНИЕ

Как брать много денег за всё?

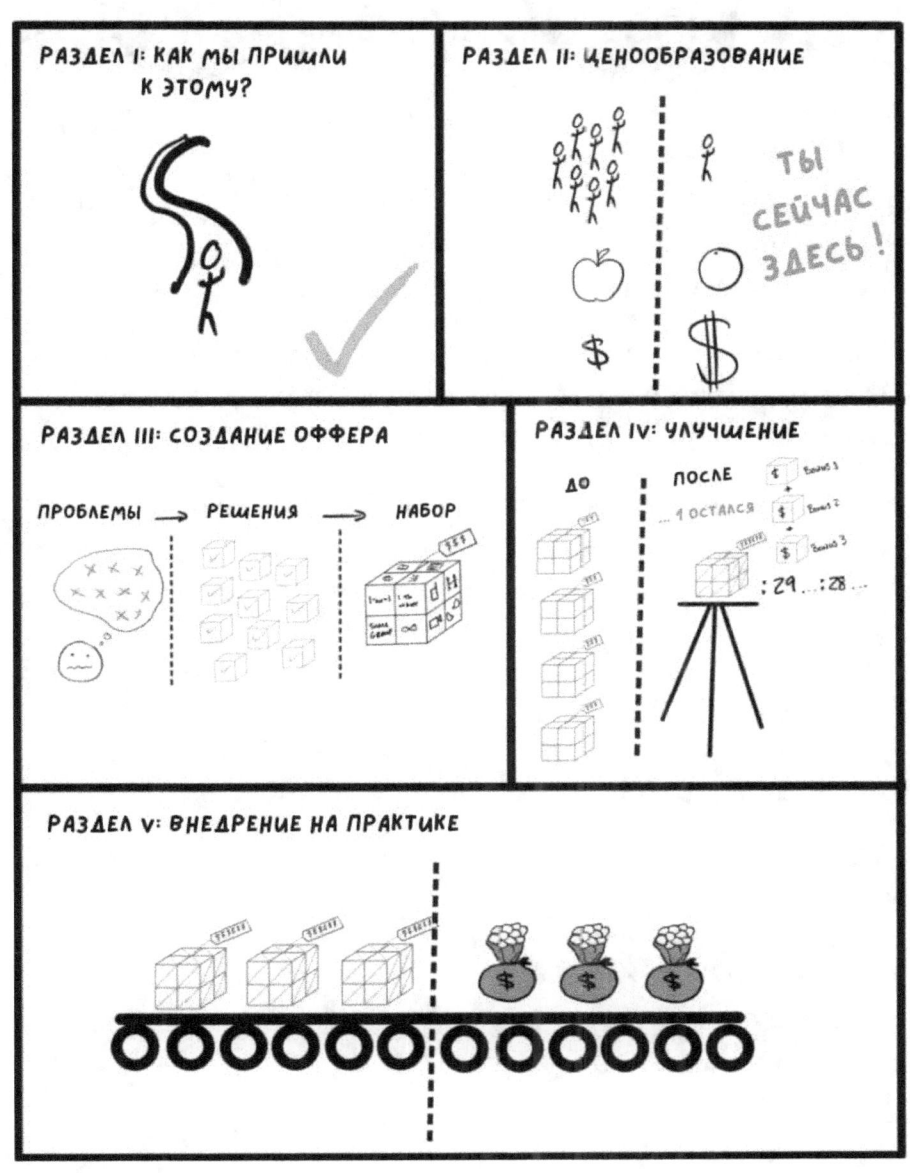

Ценообразование: Проблема Товарного Подхода

«Думай по-другому.»

- Стив Джобс

«**Р**асти или умирай» — это ключевой принцип в наших компаниях. Мы верим, что каждый человек, каждая компания и каждый организм либо растут, либо умирают. Поддержание статус-кво — это миф.

Это означает, что если твоя компания не растёт, то она умирает. Это суровая реальность для многих из нас. Я понял это на собственном опыте, и мои бизнесы долгое время страдали из-за этого.

Давай объясню. Рынок постоянно растёт. Фондовый рынок увеличивается примерно на 9% в год. Если мы не растём на те же 9% ежегодно, мы начинаем отставать. В самом общем смысле «поддержание текущего уровня» означает рост на 9% год за годом.

Более того, если ты работаешь на растущем рынке, тебе, возможно, придётся расти на 20-30% в год, чтобы оставаться на плаву и не отстать от конкурентов. Так что становится очевидным: поддержание текущего состояния — это иллюзия.

Итак, что же нужно для роста? К счастью, всего три простые вещи:

> 1) Привлечь больше клиентов.
> 2) Увеличить средний чек.
> 3) Заставить их покупать чаще.

И всё.

Конечно, существует множество способов привлечь клиентов и миллиарды способов повысить средний чек и увеличить частоту покупок. Проще говоря, всё сводится именно к этим трём способам роста.

Пример: допустим, я привлекаю 10 клиентов в месяц, и каждый клиент приносит 1 000 $ за всё время сотрудничества (средний чек × среднее количество покупок). Тогда мой бизнес ограничится доходом в 10 000 $ в месяц:

10 новых клиентов/мес. × 1 000 $ доход с клиента
= 10 000 $/мес. максимально возможного дохода.

Если ты хочешь расти, нужно либо привлекать больше клиентов каждый месяц (при этом сохраняя прибыль), либо сделать каждого клиента более ценным для бизнеса (увеличив прибыль с одной покупки или частоту покупок). И всё.

Примечание автора: всего два способа роста

Если упростить эту концепцию ещё больше, существует только два способа роста: привлекать больше клиентов и увеличивать ценность каждого клиента. «Увеличение ценности клиента» делится на два направления: 1) Увеличение прибыли с каждой покупки, 2) Увеличение количества покупок. В этой книге я выделяю оба направления как отдельные пути роста. Я сделал это, потому что так проще понять финансовые модели, которые будут описаны в третьей книге. Все три элемента — привлечение новых клиентов, увеличение их среднего чека и повышение частоты покупок — повторяются в этой книге снова и снова. Но если тебе нужна максимальная простота, помни: и увеличение среднего чека, и рост числа покупок ведут к одному результату — увеличению ценности клиента.

Термины бизнеса

Прежде чем двигаться дальше, давай разберём ключевые определения, которые помогут лучше понять всё, что будет дальше. Когда я стоял в пентхаусе Лас-Вегаса в своей футболке с надписью «Beast Mode», я понятия не имел, что значат эти термины. Давай я помогу тебе быть умнее, чем я был тогда.

Валовая прибыль (Gross Profit): это доход за вычетом прямых затрат на обслуживание ДОПОЛНИТЕЛЬНОГО клиента. Например, если я продаю лосьон за 10 $, а его себестоимость 2 $, моя валовая прибыль составит 8 $ или 80%. Если я продаю агентские услуги за 1 000 $ в месяц, а расходы на рекламу составляют 100 $ в месяц, моя валовая прибыль — 900 $ или 90%. Важно: это не чистая прибыль. Чистая прибыль (Net Profit) — это то, что остаётся после всех расходов, а не только прямых затрат на выполнение заказа.

Пожизненная ценность клиента (LTV — Lifetime Value): это валовая прибыль, накопленная за весь период работы с клиентом. Она рассчитывается как валовая прибыль, умноженная на количество покупок, которые клиент совершит за всё время сотрудничества. Например, если клиент остаётся со мной на пять месяцев, и платит 1 000 $ в месяц, а мои затраты на выполнение составляют 100 $ в месяц, его пожизненная ценность будет: 4 500 $.

Вот как это считается:

Доход: (1 000 $/мес. × 90% валовой маржи × 5 месяцев) = 4 500 $ пожизненная ценность клиента (LTV).

Обрати внимание: косвенные расходы, такие как администрирование, программное обеспечение, аренда и прочее, в расчёт LTV не включаются.

Важно: ты можешь встретить разные определения пожизненной ценности клиента (LTV) в зависимости от источника. Основное различие заключается в том, что одни считают общую выручку, а другие — валовую прибыль за весь срок. Я фокусируюсь на валовой прибыли. В некоторых текстах для ясности я называю это **пожизненная валовая прибыль (LTGP — Lifetime Gross Profit).**

Покупки, основанные на ценности или покупки, основанные на цене

Эта книга была задумана как учебник для любого бизнеса, который хочет *расти*. Я потратил (и продолжаю тратить) сотни часов на звонки и личные встречи, консультируя предпринимателей по созданию их офферов. Я видел, тех, кто взлетает в стратосферу и тех, кто угасает.

Имея Оффер Большого Шлема, проиграть практически невозможно. Но почему? Что даёт такой эффект?

Короче говоря, Оффер Большого Шлема помогает выполнить все *три* условия роста: привлечь больше клиентов, заставить их платить больше и делать это чаще.

Каким образом? Оффер позволяет тебе выделиться на рынке. Другими словами, он позволяет продавать продукт, опираясь на ЦЕННОСТЬ, а не на ЦЕНУ.

Обезличенные — покупки, основанные на цене (гонка на дно).

Уникальные — покупки, основанные на ценности (продажи в своей уникальной категории, без конкурентов. Да, рынок важен, и об этом я расскажу в следующей главе).

Обезличенный по моему определению — это продукт, который доступен всем и везде. Именно поэтому его покупка чаще всего основывается на «цене», а не на «ценности». Если все продукты «одинаковы», то самый дешёвый автоматически становится наиболее выгодным.

Другими словами, если потенциальный клиент сравнивает твой продукт с другим и думает: «они почти одинаковые, возьму тот, что подешевле», — значит, он превратил твой товар в обычный «обезличенный продукт». Какое унижение! Но на самом деле… это одно из худших испытаний для предпринимателя, ориентированного на ценность.

Это огромная проблема для предпринимателя, потому что обезличенные товары оцениваются на уровне рыночной эффективности. Это означает, что рынок через конкуренцию снижает цену до тех пор, пока прибыль не становится минимальной — *ровно столько*, чтобы бизнес мог «держаться на плаву»: *ровно столько*, чтобы стать рабом своего бизнеса. Бизнес зарабатывает «ровно столько», чтобы оправдать ожидания владельца, который вечно надеется, что «всё изменится», а к тому моменту, когда становится ясно, что это ложные надежды, — они зашли так далеко, что ничего уже нельзя изменить.

Оффер Большого Шлема решает эту проблему.

Что же делает Оффер Большого Шлема?

ОК, давай начнём с определения Оффер Большого Шлема.

Это оффер, который ты предлагаешь рынку, и который невозможно сравнить с любым другим доступным продуктом или услугой, сочетающий в себе: привлекательную акцию, уникальный ценностный оффер, премиальную цену, убойную гарантию с продуманной финансовой моделью (условиями оплаты), который позволяет тебе *зарабатывать* деньги на привлечение новых клиентов…

и навсегда устраняет проблему нехватки денег для роста бизнеса.

Другими словами, такой оффер позволяет тебе продавать в «уникальной категории» или, как говорят, «продавать в вакууме». В результате потенциальный клиент принимает решение между твоим продуктом *и ничем*. Это значит, что ты можешь назначать ту цену, которую клиент готов воспринимать, без сравнения с чем-либо ещё. В результате ты получаешь больше клиентов, продаёшь по более высоким ценам и тратишь на это меньше денег. Если тебе нравятся модные маркетинговые термины, это можно объяснить так:

> 1) Повышение вовлечённости (значит больше кликов).
> 2) Увеличение конверсии (значит больше продаж).
> 3) Премиальные цены (значит возможность брать больше денег).

Оффер Большого Шлема увеличивает вовлечённость в твою рекламу (то есть больше людей кликают или совершают действие, увидев рекламу с таким оффером).

Если ты тратишь те же деньги на просмотры, но: 1) больше людей откликаются, 2) больше из них покупают, и 3) покупают по более высоким ценам, твой бизнес *растёт*.

Я нашёл свою «золотую жилу» благодаря своим офферам. Не потому, что у меня есть какая-то суперсила, а просто потому, что я делал это очень много раз (и ещё больше раз терпел неудачи). Я убрал всё, что регулярно проваливается, и сохранил только то, что стабильно приносит успех (и собрал в этой книге).

Вот главный вывод из всего этого: в обоих случаях бизнес выполняет *одну и ту же* работу (с обезличенным оффером или с Оффером Большого Шлема). Выполнение обязательств остаётся неизменным. Но если один бизнес использует Оффер Большого Шлема, а другой — «обезличенный оффер», то первый бизнес выглядит так, будто у него совершенно другой продукт, а это означает, что покупка, основана на ценности, а не на цене.

Если у тебя «обезличенный оффер», тебе придётся конкурировать по цене (что означает покупка, ориентированная на цену, а не на ценность). Однако твой Оффер Большого Шлема заставляет потенциального клиента остановиться и подумать по-другому, чтобы оценить ценность твоего уникального продукта. Это формирует для тебя уникальную категорию, в которой цены сложно сравнивать, а это, в свою очередь, перенастраивает «ценностный измеритель» клиента.

Пример финансовой математики Оффера Большого Шлема: До и После

Краткая предыстория… одна из наших компаний предоставляет программное обеспечение, которое рекламные агентства используют для работы с лидами своих клиентов. С помощью этого софта агентства превращают свой обезличенный оффер генерации лидов в Оффер Большого Шлема с «оплатой за результат». Давай я покажу, какое мультипликативное влияние это оказывает на доход компании.

Хотя цифры округлены для наглядности, они основаны на реальных данных, которые получают агентства по генерации лидов, продающие услуги местным бизнесам.

Старый, обезличенный подход (основанный на цене) это гонка на дно:

Обезличенный оффер: 1 000 $ авансом, затем 1 000 $/мес. за услуги агентства.

Показатели	Обезличенный оффер	Оффер Большого Шлема	Объяснение
Рекламные расходы	10 000 $		Сумма, потраченная на рекламу
Охват	300 000		Количество людей, охваченных рекламой (показы)
Уровень отклика	0,00013		Процент людей, которые записались на звонок (CTR × % заполнения формы)
Записано встреч	40		Количество встреч, записанных в результате рекламы
Показатель явки	75%		Процент людей, которые пришли на встречу
Явившиеся на встречу	30		Количество людей, которые пришли на встречу
Конверсия в продажу	16%		Процент людей, которые совершили покупку
Закрытые сделки	5		Количество людей, которые совершили покупку
Цена	1 000 $		Сумма, которую платит клиент за начало работы
Итоговая сумма	5 000 $		Общая сумма авансовых платежей, собранных с клиентов
ROAS	0,5 : 1		Доход на вложенные в рекламу средства (Return on Advertising Spend, ROAS)

Подробное объяснение: с возвратом инвестиций в рекламу 0,5 к 1 ты теряешь деньги на привлечении клиентов. Однако через 30 дней эти 5 клиентов заплатят ещё по 1 000 $ каждый, и ты выйдешь на общую сумму в 10 000 $, чтобы окупить расходы. В следующем месяце 5 000 $, которые поступят, станут твоей первой прибылью, и каждый последующий месяц тоже будет прибыльным (если все клиенты останутся).

Это пример обезличенной услуги — стандартная работа агентства. Таких агентств миллион, и они выглядят одинаково. Обезличенные компании и их офферы с трудом получают отклик на рекламу, потому что их маркетинг ничем не отличается от остальных.

Примечание: Всё выглядит одинаково, потому что они у них одинаковый оффер:
Ты платишь нам за работу.
Мы выполняем работу.
Возможно, ты получишь результат. А возможно, и нет.

Это вроде бы разумно, но такой подход легко копируется (и приводит к обезличиванию услуги). *Это обезличивание создаёт покупки, основанные исключительно на цене...*

Тебе приходится держать цены «конкурентными», чтобы привлекать клиентов, *и* оставаться в этом состоянии, чтобы их удерживать. Но если клиент видит более дешёвый вариант «того же самого», разница в цене заставит его перейти к другому поставщику. И тут возникает дилемма: потерять этого клиента, а потом остальных и потенциальных клиентов или оставаться «конкурентоспособным». Твоя прибыль становится настолько маленькой, и *исчезает* совсем.

Более того, сложно заставить потенциальных клиентов сказать «да» (и *удерживать* их), если ты не следишь с максимальной осторожностью за тем, чтобы клиенты не превращали твой бизнес в «обезличенный продукт». А это и есть главная проблема старого подхода. Клиенты могут сравнивать. Если ты не переключишься на Оффер Большого Шлема, твои цены будут продолжать снижаться. Твой бизнес в конечном итоге умрёт, или же ты сдашься. Так не пойдёт.

Мы хотим создать такой оффер, который настолько отличается от всего остального, что тебе даже не придётся неловко объяснять, чем твой продукт уникален (потому что, если клиенту нужно это объяснять, он, скорее всего, слишком далёк, чтобы вообще это понять). Вместо этого оффер сам сделает всю работу за тебя. Это и есть подход Оффера Большого Шлема.

Давай погрузимся в сравнение продаж, чтобы увидеть разницу в цифрах.

Новый подход с Оффером Большого Шлема (уникальный, несравнимый, основанный на ценности)

Оффер Большого Шлема: оплата один раз (без регулярных платежей и предоплат). Просто оплачиваешь рекламный бюджет. Я сгенерирую лиды и буду работать с ними за тебя. Платишь мне только в том случае, если клиенты реально придут. Я гарантирую, что ты получишь 20 клиентов в первый месяц, или следующий месяц будет бесплатным для тебя. А ещё я предоставлю все лучшие практики из других бизнесов, подобных твоему.

- Ежедневный коучинг по продажам для твоей команды
- Проверенные скрипты
- Проверенные ценовые стратегии и офферы, которые можно сразу применить
- Записи продающих звонков

...и всё остальное, что нужно для продаж и выполнения обязательств перед клиентами. Я дам тебе полную схему действий для (вставь нишу) абсолютно бесплатно — просто за то, что ты станешь моим клиентом.

Если говорить просто, я привожу клиентов в твой бизнес и обучаю тебя, как продавать им так, чтобы назначать самые высокие цены и получать максимальную прибыль... звучит вполне справедливо?

Понятно, что это кардинально разные офферы... но что с того? Где же *деньги*? Давай сравним их в таблице ниже.

Показатели	Обезличенный оффер	Оффер Большого Шлема	Объяснение
Рекламные расходы	10 000 $	10 000 $	Без изменений
Охват	300 000	300 000	Без изменений
Уровень отклика	0,00013	0,00033	В 2,5 раза выше (более привлекательный оффер, больше откликов)
Записано встреч	40	100	Результат
Показатель явки	75%	75%	Без изменений
Явившиеся на встречу	30	75	Результат
Конверсия в продажу	16%	37%	В 2,3 раза выше (больше ценности, больше покупателей)
Закрытые сделки	5	28	Результат
Цена	1 000 $	3 997 $	В 4 раза выше (разовая оплата вместо регулярных платежей)
Итоговая сумма	5 000 $	112 000 $	В 22,4 раза больше собранных авансовых платежей
ROAS	0,5 : 1	11,2 : 1	Покрывает затраты на привлечение клиентов.

Подробное объяснение: ты тратишь ту же сумму на ту же аудиторию. Но благодаря более привлекательному офферу 2,5 раза больше людей откликаются на твою рекламу. Затем ты закрываешь в 2,3 раза больше сделок, потому что оффер гораздо убедительнее. Кроме того, ты можешь установить цену в 4 раза выше в начале. Итог: $2,5 \times 2,3 \times 4 = 22,4$ раза больше денег, собранных авансом. Да, ты потратил 10 000 $, чтобы заработать 112 000 $. Ты буквально *заработал деньги* на привлечении новых клиентов.

Сравнение: помнишь, как было с обезличенным оффером — половина рекламного бюджета просто улетала впустую? С новым подходом ты зарабатываешь *больше* денег *и* привлекаешь *больше* клиентов. Это значит, что стоимость привлечения клиента становится настолько низкой (по сравнению с тем, сколько ты зарабатываешь), что единственным ограничением становится твоя способность выполнять любимую работу. Денежный поток и привлечение клиентов больше не являются узким местом, потому что эта модель в 22,4 раза прибыльнее старой. Да, ты всё правильно прочитал. Это тот самый момент из блокбастера, когда герой убегает от взрыва в замедленной съёмке.

Именно такой Оффер Большого Шлема мы использовали в бизнесе программного обеспечения для агентств. Цифры растут быстро и выглядят просто сумасшедшими. Я понимаю, что рост в 22,4 раза кажется невероятным, но в этом и есть суть. Если ты играешь по тем же правилам, что и все остальные, твои результаты будут такими же, как у всех (посредственными). Ты будешь делать мелкие сделки, поддерживать бизнес на плаву, но никогда не вырвешься вперёд.

А теперь вспомни начало этой книги: когда все элементы складываются правильно, ты можешь добиться успеха так, что это изменит всё и *навсегда*. В первые 18 месяцев работы мы выросли с 500 000 $ в год до 28 000 000 $ в год, потратив на рекламу менее 1 000 000 $. Так что, когда я говорю о возврате 20:1 … 50:1 … 100:1, я говорю серьёзно. Когда всё сделано правильно, результаты действительно … поражают.

Основные выводы

В этой главе мы разобрали ключевую проблему обезличивания продукта и то, как Офферы Большого Шлема её решают. Они позволяют выйти из ценовой войны и создать уникальную категорию. В следующей главе мы сосредоточимся на поиске правильного рынка для применения наших стратегий ценообразования. Это один из самых важных шагов, который нельзя упускать. Даже Оффер Большого Шлема потеряет свою силу, если предложить его не той аудитории. Чтобы этого избежать, мы временно отвлечёмся от ценообразования и разберём, как выбрать подходящий рынок. Это обязательный пункт на нашем пути перед тем, как двигаться дальше.

БЕСПЛАТНЫЙ ПОДАРОК #1: БОНУС-УРОК «НАЧНИ ЗДЕСЬ»

Если хочешь углубиться в тему, заходи на **Acquisition.com/training/offers** и смотри первое видео из бесплатного курса (в главной роли — я сам), в котором я рассказываю, как отличать офферы в бизнесах, с которыми я работаю, и как сделать так, чтобы они могли назначать премиальные цены. Я также подготовил для тебя бесплатные инструкции и шпаргалки, чтобы ты мог внедрить всё быстрее. Если не хочешь вводить адрес вручную, просто отсканируй QR-код. Всё это абсолютно бесплатно. Наслаждайся!

Ценообразование:
Поиск Правильного Рынка — Голодная Толпа

«Семя же, упавшее в хорошую почву, представляет тех, кто действительно слышит и понимает Слово Божье и собирает урожай в тридцать, шестьдесят или даже в сто раз больше посеянного»

- Евангелие от Матфея (13:23)

Профессор маркетинга задал своим студентам вопрос: «Если бы вы открывали прилавок с хот-догами и могли бы иметь только *одно* преимущество перед конкурентами… что бы это было?»

«Локация! … Качество! … Низкие цены! … Лучший вкус!»

Студенты продолжали предлагать варианты, пока, наконец, не исчерпали все ответы. Они смотрели друг на друга, ожидая, что скажет профессор. В аудитории воцарилась тишина.

Профессор улыбнулся и сказал: *«Голодная толпа»*.

Ты можешь продавать самые ужасные хот-доги, по завышенным ценам и в плохом месте, но, если ты единственный продавец в городе, а в местном колледже начинается футбольный матч, то твои хот-доги разлетятся как горячие пирожки. Вот что значит «голодная толпа».

В конечном итоге, если на решение проблемы есть огромный спрос, ты можешь быть посредственным бизнесменом, иметь ужасный оффер, не уметь убеждать людей — и ты *всё равно сможешь* зарабатывать деньги.

Примером этого был дефицит туалетной бумаги в начале пандемии Covid-19. Не было предложений. Ценообразование было ужасным. Не было убеждающих продажных презентаций. Но из-за огромной и голодной толпы рулоны туалетной бумаги продавались за 100 $ и больше. Вот что значит ценность голодной толпы.

Продажа газет

Мой хороший друг Ллойд владел бизнесом по разработке программного обеспечения, которое почти десять лет обслуживало газеты. Его компания предлагала сервисы цифровой рекламы, которые внедрялись на сайты газет буквально в пару кликов, позволяя им мгновенно продавать новый рекламный продукт. Он брал только процент от прироста выручки. То есть, если газета ничего не зарабатывала, он тоже ничего не получал. Для газет это было чистой выгодой, а для него — отличным оффером.

Но, несмотря на сильный оффер и природный талант к продажам, его бизнес начал идти на спад. Как успешный предприниматель, он пробовал решать проблему с разных сторон, *но ничего не работало*. Он не мог понять, в чём дело. Мне было тяжело наблюдать за его борьбой, потому что я считаю, что Ллойд гораздо умнее меня. А ответ, на мой взгляд, лежал на поверхности. Наблюдение за его опытом стало для меня важным жизненным уроком. Прежде чем я расскажу о нём, как ты думаешь: в чём была проблема? В продукте? В оффере? В маркетинге и продажах? В его команде?

Давай разберёмся. Проблема была не в продукте — он был отличным. Не в оффере — его модель «доля от выручки без риска» была замечательной. И даже не в навыках продаж — он был прирождённым продавцом. Так в чём же была проблема? *Он продавал газетам! Его рынок сокращался на 25% каждый год!* Он рассматривал все возможные варианты, кроме самого очевидного. После многих лет борьбы с падающим рынком он, наконец, понял, что источник всех его проблем — это рынок, на котором он работал, и тогда он решил уменьшить свою компанию.

Но не переживай — у этой истории есть продолжение. Чтобы показать силу рынка, скажу, что, как только начался COVID, Ллойд сменил направление. Он запустил автоматизированное производство масок. С помощью новых технологий он смог снизить себестоимость масок до уровня, ниже, чем цена их покупки из Китая. Через пять месяцев его компания зарабатывала *миллионы в месяц*. Тот же предприниматель. Другой рынок. Он применил *те же самые* навыки в бизнесе, в котором *у него не было никакого опыта*, и смог добиться успеха. Вот что значит выбрать правильный рынок.

Эту историю я рассказываю, как предостережение. *Рынок имеет значение.* Ллойд — *очень* умный человек. Он, безусловно, очень способный человек. Но все мы, предприниматели, часто не видим очевидного, потому что не любим сдаваться. Мы так привыкли решать невозможные задачи, что продолжаем биться головой о стену. Мы ненавидим проигрывать. Но реальность такова: рынок влияет на каждого.

Как же выбрать правильный рынок?

На что обратить внимание

Есть рынок, который остро нуждается в твоих способностях. Тебе нужно его найти. И когда ты это сделаешь, ты получишь выгоду, удивляясь, почему не сделал этого раньше. Не будь романтиком по отношению к своей аудитории. Обслуживай тех, кто может платить тебе столько, сколько ты стоишь. И помни: выбор рынка, как и многое другое — всегда наш выбор, так что выбирай с умом.

Чтобы что-то продать, нужен спрос. Мы не пытаемся *создавать* спрос. Мы пытаемся *направить* его в нужное русло. Это очень важное отличие. Если у твоего оффера нет подходящего рынка, то ничего из того, что будет дальше в этой книге, не сработает. Вся эта книга основывается на предположении, что у тебя есть хотя бы «нормальный» рынок, который я определяю как рынок, который растёт с той же скоростью, что и экономика, и на котором есть общие неудовлетворённые потребности в одной из трёх категорий: улучшение здоровья, увеличение благосостояния, улучшение отношений. Например, Ллойд из истории про газеты мог бы применить все советы этой книги, и ничего из этого не сработало бы для него. Почему? Потому что он ориентировался бы на газеты — умирающий рынок.

Тем не менее, наличие отличного рынка — это преимущество. <u>Но можно работать на «нормальном» рынке, который растёт средними темпами, и при этом зарабатывать сумасшедшие деньги.</u> Все рынки, с которыми я работал, были обычными. *Просто* не стоит продавать лёд эскимосам.

Вот основные принципы, которые я использую при выборе рынка. Пройдёмся по ним, прежде чем вернёмся к созданию оффера.

При выборе рынков я обращаю внимание на четыре индикатора:

1) Сильная боль

Люди не должны просто хотеть твой продукт — они должны отчаянно в нем нуждаться. Боль — это всё, что вызывает у людей разочарование в их жизни. Безденежье — это боль. Плохой брак — это боль. Ожидание в очереди в супермаркете — тоже боль. Боль в спине, некрасивая улыбка, лишний вес … Люди страдают по множеству причин. Поэтому для нас, предпринимателей, это открывает бесконечные возможности.

Сила этой боли будет пропорциональна цене, которую ты сможешь за неё назначить (об этом подробнее в главе «Уравнение ценности»). Когда человек услышит решение своей проблемы и представит свою жизнь *без* этой боли, он захочет купить твой продукт.

У меня есть фраза, которою я использую для обучения отделов продаж: *«Боль — это и есть презентация продукта»*. Если ты сможешь точно сформулировать боль, которую испытывает потенциальный клиент, он с большой вероятностью купит то, что ты предлагаешь. У потенциального клиента должна быть болезненная проблема, которую мы должны решить и взять за это деньги.

> **Совет профессионала**
> Смысл хорошего текста в том, чтобы читатель его понял.
> Смысл хорошего убеждения в том, чтобы потенциальный клиент почувствовал, что его понимают.

2) Платежеспособность

Мой знакомый создал отличную систему, которая помогала людям улучшать свои резюме и получать больше приглашений на собеседования. Он был мастером своего дела. Но, как бы он ни старался, ему никак не удавалось заставить людей платить за его услуги. Почему? Потому что все его клиенты были безработными!

Это кажется очевидным. Но он подумал так: *«Этих людей легко найти. У них огромная боль. Их много, и их число постоянно растёт. Это идеальный рынок!»*

Он просто забыл об одном важнейшем моменте: твоя аудитория должна иметь возможность оплатить ту услугу, которую ты предлагаешь. Убедись, что твои клиенты имеют деньги или доступ к необходимой сумме, чтобы купить твои услуги по той цене, которая делает твои усилия оправданными.

3) Простота поиска аудитории

Допустим, у тебя есть идеальный рынок, но ты не знаешь, как найти людей, которые его составляют. В этом случае создать Оффер Большого Шлема будет непросто. Я всегда облегчаю себе задачу, выбирая те рынки, которые легко таргетировать. В качестве примера можно привести аватары клиентов, которые состоят в ассоциациях, подписаны на почтовые рассылки, участвуют в группах в соцсетях, смотрят определённые каналы и так далее. Если потенциальные клиенты собраны где-то вместе, ты можешь работать с ними. Но если их поиск превращается в попытку найти иголку в стоге сена, то твой оффер вряд ли попадёт на глаза потенциально заинтересованным людям.

Этот момент имеет тактическое значение. Это реальность, а не теория. Например, ты можешь *захотеть* работать с богатыми врачами. Но если твоя реклама показывается студентам медикам, то даже самый крутой оффер останется незамеченным. Основной вывод: убедись, что ты можешь легко таргетировать свою идеальную аудиторию. *(Уточнение: никаких проблем с тем, чтобы работать с богатыми врачами нет — их легко найти. Этот пример просто показывает, что твоя реклама должна попадать в правильную аудиторию.)*

4) Растущий рынок

Растущие рынки — это как попутный ветер. Они помогают двигаться вперёд быстрее. Сокращающиеся рынки — это как встречный ветер. Они усложняют каждый шаг. Примером этому служит история Ллойда. Газеты соответствовали трём из четырёх критериев отличного рынка: (1) сильная боль. (2) платёжеспособность. (3) лёгкость нахождения аудитории. Но они стремительно сокращались. Как бы он ни старался, весь рынок работал против него. Вести бизнес и так непросто, а рынки меняются быстро. Поэтому имеет смысл найти рынок, который будет твоим попутным ветром и облегчит процесс.

Применение на практике

Существуют три основные категории рынков, которые будут существовать всегда: здоровье, богатство и отношения. Эти рынки неизменны, потому что неудовлетворённость в любой из этих сфер вызывает сильную боль. Люди всегда будут искать решения этих базовых человеческих проблем. Цель заключается в том, чтобы найти маленькую подгруппу внутри одной из этих больших областей, которая растёт, имеет покупательную способность и легко таргетируется (остальные три индикатора).

Если бы я был экспертом по отношениям и искал свой аватар, я бы предпочёл сфокусироваться на коучинге «Отношения во второй половине жизни» для старшего поколения, а не помогать студентам в отношениях. Почему? Потому что одинокие пожилые люди, скорее всего, испытывают больше боли, так как они ближе к смерти (боль), обладают большей покупательской способностью (деньги) и их легко найти (таргетинг). И, наконец, на момент написания этой книги людей, которым исполняется 65 лет, каждый год становится больше, чем тех, кому исполняется 20 (растущий рынок).

Вот в чём суть. Подумай, в чём ты хорош, когда речь идёт о здоровье, богатстве или отношениях. Затем подумай, кто будет больше всего ценить твою услугу (кто испытывает наибольшую боль), обладает покупательской способностью, чтобы заплатить столько, сколько ты хочешь (деньги) и кого можно легко найти (таргетинг). Если имеются все три критерия *и* рынок не сокращается, у тебя всё будет в порядке.

Но насколько важно для твоего успеха найти «отличный рынок» вместо «нормального» или, тем более, «плохого»? Ответ: всё зависит от обстоятельств. Давай я объясню.

Три ключевых фактора успеха: что влияет больше всего

Скорее всего, ты не окажешься на умирающем рынке, как в примере с газетами. И вряд ли будешь продавать туалетную бумагу в разгар COVID (ажиотажного спроса). Ты, скорее всего, будешь работать на «нормальном» рынке. И это абсолютно естественно. На нормальных рынках тоже можно зарабатывать большие деньги. Главное, что нужно понять: нельзя находиться на «плохом» рынке, так как в этом случае ничего не сработает. Вот простой способ показать порядок важности между рынками, офферами и навыками убеждения:

Голодная Толпа (рынок) > Сила Оффера > Навыки Убеждения

Допустим, ты оцениваешь эти элементы по шкале: отличный, нормальный и плохой. При этом их важность идёт слева направо — от самого значимого к менее значимому. Если у тебя есть элемент с оценкой «отлично» на более высоком уровне, то он может компенсировать недостатки нижестоящих. Элемент с оценкой «нормально» перекладывает ответственность на другой элемент. А с оценкой «плохо» блокирует успех, *если только* его не компенсирует элемент с оценкой «отлично» выше по приоритету. Вот несколько примеров:

Пример 1. Даже если у тебя плохой оффер и ты не умеешь убеждать, ты заработаешь деньги, если находишься на отличном рынке. Если ты торгуешь хот-догами в 2 часа ночи, когда все бары закрываются, и толпы голодных пьяных людей ищут перекус, твои хот-доги разлетятся.

Пример 2 (для большинства из нас). Если ты работаешь на нормальном рынке, и у тебя есть Оффер Большого Шлема, ты можешь заработать кучу денег, даже если плохо умеешь убеждать. Это как раз большинство читателей этой книги. Именно поэтому я её написал — чтобы помочь тебе добиться максимального успеха, научившись создавать Оффер Большого Шлема.

Пример 3. Допустим ты работаешь на нормальном рынке и у тебя обычный оффер. Для того, чтобы добиться огромного успеха, ты *должен* быть *настоящим* мастером убеждения. Только в этом случае ты добьёшься результатов, используя свои навыки как ключевой рычаг успеха. Многие империи были построены выдающимися мастерами убеждения. Это самый сложный путь, который требует огромных усилий и обучения. Но если ты создашь сильный оффер, это сократит путь к успеху. В противном случае у тебя будет просто «нормальный» бизнес, который требует исключительных навыков для достижения успеха (в этом нет ничего плохого, но, скорее всего, ты рассчитывал на большее).

Придерживайся выбранной ниши

Когда я обучаю предпринимателей выбирать целевой рынок, я часто говорю: «*Не заставляй меня дать тебе «нишевой» подзатыльник*».

Слишком часто начинающий предприниматель вяло пробует *один оффер в одной* нише, не зарабатывает сразу миллионы и ошибочно решает: «это плохой рынок». Но чаще всего это не так. Они просто ещё не нашли Оффер Большого Шлема, который можно было бы применить на этом рынке.

Они думают: *«я переключусь с работы с дантистами на работу с мануальными терапевтами — и всё!»* На самом деле оба этих рынка — обычные, нормальные, и каждый из них приносит миллиарды долларов в год. Подойдёт любой из них, *но не оба сразу*. Ты должен выбрать *один*. Никто не может служить двум господам.

Я придумал термин «нишевой подзатыльник», чтобы напоминать предпринимателям в моих сообществах о необходимости придерживаться выбранной ниши. У всех бизнесов и у всех рынков есть свои неприятные особенности. Трава на другой стороне в реальности никогда не оказывается зеленее. Если ты будешь прыгать из ниши в нишу, надеясь, что рынок решит все твои проблемы, ты заслуживаешь получить *нишевой подзатыльник*.

Ты должен держаться выбранной ниши достаточно долго, чтобы идти методом проб и ошибок. Тебя точно ждёт провал. На самом деле, ты будешь терпеть неудачи до тех пор, пока не добьёшься успеха. Ты будешь терпеть неудачи гораздо дольше, если ты будешь постоянно менять целевую аудиторию, потому что каждый раз ты будешь начинать с нуля. Так что придерживайся выбранной ниши!

Богатство — в нишах

Другая причина, по которой стоит придерживаться выбранной ниши — это то, насколько больше ты будешь зарабатывать.

Проще говоря, фокус на одной нише принесёт тебе гораздо больше денег.

Примечание автора: Когда стоит расширять нишу
(совет для большинства)

В большинстве случаев, если твой доход составляет менее 10 миллионов долларов в год, то фокус на узкой нише принесёт больше денег. После этого всё будет зависеть от того, насколько узкой является эта ниша или то, что называется общий доступный рынок (TAM = total addressable market). Бизнес может вырасти только до размеров своего доступного рынка. Тем не менее для большинства людей, достижение дохода в 10 миллионов долларов в год — уже невероятное достижение, входящее в топ 0,4% (только 1 из 250 компаний достигает этого уровня). Поэтому для 99,6% читателей с доходом менее 10 миллионов долларов в год легче работать с меньшим количеством клиентов в более узкой нише. Но если ты хочешь выйти за этот предел, _возможно_ (в зависимости от размера твоего TAM), придётся расширить свою аудиторию, выйдя на более дорогой сегмент, более доступный рынок или в смежную нишу, где твои текущие услуги также будут полезны.

Для примера: многие компании достигли дохода более 30 миллионов долларов в год, обслуживая только одну нишу, например, мануальных терапевтов, тренажерные залы, сантехников, солнечные панели, кровельщиков, владельцев салонов и т. д. Если ты находишься на уровне 1 или 3 миллиона долларов, и ты думаешь, что уже упёрся в потолок и нужно расширяться, ты ошибаешься. Просто ты должен стать лучше.

Когда я реально осознал, сколько _дохода_ я упустил, это изменило мою жизнь. Именно это привело меня к тому, чтобы перейти от привлечения клиентов для _всех желающих_ к обучению привлечения клиентов для конкретного аватара. В моём случае я выбрал владельца небольшого тренажерного зала, где около 100 клиентов, есть арендуемое помещение, как минимум один сотрудник, и его цель — помогать клиентам сбросить вес. Это очень конкретно по сравнению с «владельцами малого бизнеса» или «всеми, кто мне заплатит», что обычно и делают многие. И я был очень конкретен. В том бизнесе (Gym Launch) мы отказывались — и до сих пор отказываемся — от всех, кто не подходит под этот аватар. Это значит: никаких персональных тренеров, онлайн-коучей и так далее.

Мог бы я им помочь? Конечно. Чёрт возьми, большинство компаний в нашем портфолио — это вообще не тренажерные залы. Тот факт, что я *точно* знал кому предназначен продукт, стал поворотным моментом, позволившим сохранить фокус на продукте и высокую конверсию маркетинговых действий. Это помогло нам всегда *точно* знать, к кому мы обращались и чьи *именно* проблемы мы решали.

Возможно, я ещё недостаточно тебя убедил, так что давай я покажу, почему фокус на <u>одной нише принесёт тебе больше денег.</u>

<u>Причина:</u> ты реально можешь брать в 100 раз больше за *тот же* самый продукт. Дэн Кеннеди был первым, кто показал мне это, и я постараюсь передать это знание тебе на этих страницах.

<u>Пример ценообразования в зависимости от ниши</u>

Продукт	Цена
Тайм-менеджмент	19 $
Тайм-менеджмент для специалистов по продажам	99 $
Тайм-менеджмент для специалистов по B2B-продажам	499 $
Тайм-менеджмент для специалистов по B2B-продажам электроинструментов и садового инвентаря	1 997 $

Дэн Кеннеди научил меня этому (и это изменило мою жизнь навсегда). Допустим, ты продаёшь стандартный курс по тайм-менеджменту. Если ты не какой-то супергуру в этой области с невероятной или уникальной историей, вряд ли такой курс вызовет значительный интерес. Как ты думаешь, сколько может стоить «ещё один» курс по тайм-менеджменту? 19 $, 29 $? Конечно. Вряд ли этим можно кого-то удивить. Для примера возьмём цену в 19 $.

А сейчас мы рассмотрим силу нишевого ценообразования на различных этапах твоего продукта.

Итак, представим, что ты делаешь продукт более специфичным, сохраняя те же принципы, и называешь его «Тайм-менеджмент для специалистов по продажам». Теперь этот курс уже предназначен для более конкретной аудитории. Мы можем связать ценность курса хотя бы с одной дополнительной сделкой или продажей, которую совершит продажник, и тогда цена твоего курса уже оправдана. Так как специалистов по продажам много, то такой курс мог бы стоить 99 $. Неплохо, но можем лучше.

Теперь давай углубимся ещё на один уровень и назовём наш продукт «Тайм-менеджмент для B2B-продавцов». С такой конкретикой теперь мы знаем, что наша аудитория — это продажники, скорее всего, имеющие большой опыт работы с крупными сделками и комиссионными. Даже одна продажа может легко принести такому продавцу 500 $ (или больше), поэтому цена курса в 499 $ будет легко оправдана. Это уже увеличение цены в 25 раз за почти такой же продукт. Я мог бы остановиться здесь, но я собираюсь пойти ещё глубже.

Теперь мы сузим нишу до максимума и назовём продукт «Тайм-менеджмент для B2B-продавцов электроинструментов и садового инвентаря». Бум.

Задумайся об этом на секунду. Если бы ты был торговым представителем, продающим электроинструменты, ты бы наверняка подумал: «Это сделано специально для меня», и с радостью выложил бы 1 000 $ или даже 2 000 $ за программу тайм-менеджмента, которая могла бы помочь тебе достичь твою цель.

На самом деле содержание программы может быть таким же, как в обычном курсе за 19 $. Но благодаря тому, что программа адаптирована под конкретную аудиторию, и продажные сообщения обращены именно к ней, она найдёт её более убедительной и получит от неё реальную пользу. Эта концепция применима ко всему, что ты решишь делать. Ты хочешь стать «тем самым человеком», который помогает «такому-то типу людей» или решает «такого-то типа проблемы». А ещё лучше: «я решаю эту конкретную проблему для этой конкретной категории людей с помощью уникального, необычного метода, который избавляет их от самого глубокого страха».

Именно поэтому фитнес-программа для общего снижения веса может стоить всего 19 $, а фитнес-программа, разработанная и ориентированная исключительно на медсестёр, работающих посменно, может стоить 1 997 $… (хотя суть программы, скорее всего, та же: «ешь меньше, двигайся больше»).

Итоговый результат: рынок имеет значение. Твоя ниша имеет значение. И если ты можешь продавать один и тот же продукт в 100 раз дороже, стоит ли это делать?

Решать тебе.

Основные выводы

Цель этой главы состоит в том, чтобы подчеркнуть два ключевых момента. Во-первых, не выбирай *плохой* рынок. Нормальные рынки — это хорошо. Отличные рынки — это прекрасно. Во-вторых, как только ты выбрал рынок, придерживайся его до тех пор, пока не разберёшься с ним.

Если ты попробуешь сделать *сто разных офферов*, я *обещаю*, что у тебя всё получится. Большинство людей вообще ничего не пробуют. Другие терпят неудачу один раз, а потом сдаются. Чтобы добиться успеха, нужна стойкость. Перестань воспринимать неудачи на свой счёт! Дело не в тебе! Если твой оффер не работает, это не значит, что ты отстой. Это значит, что твой оффер отстой. Это большая разница. Ты плох только, если ты перестаёшь пытаться. Так что, пробуй ещё раз. Ты никогда не станешь мастером своего дела, если остановишься после первой неудачи.

Если ты нашёл действительно отличный рынок, используй эту возможность по максимуму. А если ты совместишь Оффер Большого Шлема с невероятным рынком, то, скорее всего, тебе больше никогда не придётся работать (серьёзно). Так что имей этот набор навыков: умение точно оценивать рынки, учитывая боль, деньги, таргетинг и рост, чтобы, ты был наготове, когда появится твой шанс.

Теперь, когда мы разобрались, как выбрать правильный рынок, давай вернемся к ценообразованию. Первый шаг к большим деньгам — это установление премиальных цен.

БЕСПЛАТНЫЙ ПОДАРОК #2: БОНУС-УРОК «ВЫИГРЫШНЫЕ РЫНКИ»

Если хочешь узнать больше о том, как я выбираю рынки и нахожу прибыльные ниши, зайди на **Acquisition.com/training/offers** и посмотри короткий видеоурок **«Выигрышные рынки»**. Я также добавил бесплатный чек-лист, который поможет тебе оценить, насколько подходящими являются твой рынок или ниша. Если не хочешь вводить адрес вручную, просто отсканируй QR-код. Всё это абсолютно бесплатно. Наслаждайся!

Ценообразование:
Назначай Цену, Которая Соответствует Ценности

*«Назначай самую высокую цену, которую можешь произнести вслух,
не улыбнувшись.»*

- Дэн Кеннеди

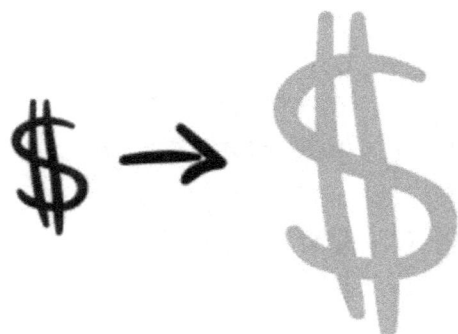

*Фотография с Gym Lords Summit 2019, где собрались владельцы тренажерных залов
высшего уровня, с моими модными усами.*

Январь 2019 года.

Вокруг была только темнота. Глаза будто слиплись. Я не спал, но усталость давила на виски, словно к черепу скотчем прикрепили пятикилограммовый груз, заставляя веки снова закрываться. Мне приходилось с усилием концентрироваться, чтобы открыть их.

Контуры тускло освещённой комнаты начали прорисовываться. Я перевернулся на край кровати в гостиничном номере, чувствуя, как напрягается каждая мышца в теле. Лёжа на боку, я заметил разбросанную на полу одежду. Я был настолько измотан прошлым вечером, что даже не помнил, как снял её.

Только что завершились пятидневные выступления с чередой презентаций. Сначала два дня выступлений для наших клиентов самого высокого уровня, а затем два дня планирования со всей нашей командой (более 135 сотрудников).

Накануне я пропустил FaceTime-звонок от отца. Утром у меня ничего не было запланировано. Так что я с трудом встал, натянул худи и спортивные штаны и вышел в коридор отеля, чтобы перезвонить ему. После стандартных приветствий отец сразу перешёл к делу — родительской заботе:

«Я видел фотографию, которую ты выложил со своими клиентами...» — сказал он, но каким-то необычно обеспокоенным тоном. — «Я думал, это мероприятие было для всех твоих самых дорогих клиентов. Я не знал, что оно было таким масштабным. Казалось, что там тысяча человек!»

Стоя в коридоре, я изо всех сил боролся с тяжестью усталости, но всё же пытался понять, откуда это беспокойство и к чему он клонит. Я уже ему это все объяснял. «Это было только для наших клиентов высшего уровня, то есть не для всех» — ответил я. — «Только для тех, кто платит нам 42 000 $ в год...для наших Властелинов тренажерных залов (Gym Lords), как я уже говорил».

«Каждый человек на этой фотографии заплатил тебе 42 000 $?» — его голос звучал почти испуганно от одной этой мысли.

«Да, дико, правда?» — мой голос хрипел от многих дней выступлений и тысяч коротких двадцатисекундных разговоров.

«Это вообще законно, то, что ты делаешь?» — спросил он. *Ничего себе, как быстро разговор накалился», — подумал я.*

«Они вообще знают, что платят тебе такие деньги?»

«Да, это законно. И, конечно, они знают. Это же не магическое вытягивание денег».

«Это огромные деньги. Надеюсь, то, что ты им даёшь, действительно того стоит».

Я задумался, стоит ли углубляться в это обсуждение или просто проигнорировать. Но, понимая, что этот разговор не закончится просто так, я глубоко вздохнул и начал объяснять. «Если бы я принёс тебе дополнительные 239 000 $ за год, ты бы мне заплатил 42 000 $?» — спросил я, используя цифру 239 000 $, потому что это был средний прирост выручки зала, который применял наши схемы в течение 11 месяцев.

«Ну конечно» — ответил он. — «Если бы я знал, что точно верну эти деньги. Что бы мне пришлось делать?»

«Примерно 15 часов работы в неделю».

«И сколько времени понадобилось бы, чтобы заработать эти 239 000 $?»

«Одиннадцать месяцев».

«И сколько из этих 42 000 $ мне пришлось бы заплатить тебе заранее?»

«Ничего. Просто заплатишь мне, когда начнешь зарабатывать деньги с помощью этой системы».

Я прямо видел, как у него щелкнуло голове. Мой отец всё понял.

«А, ну тогда да, конечно, я бы это сделал» — сказал он.

«Вот почему они тоже это делают».

***

Зарабатывание бешеных денег ломает людям голову. Это настолько выходит за пределы их представлений о возможном, что они начинают думать, будто ты занимаешься чем-то незаконным или нечестным. Они буквально «не могут это понять».

Почему? Потому что они думают про себя: *они же не могут быть настолько умнее меня или работать настолько усерднее меня. Как вообще возможно зарабатывать в тысячу раз больше, чем я? Настолько много, что мне понадобится буквально десять жизней, чтобы заработать столько, сколько они зарабатывают за год.*

За три года до написания этой книги я каждый месяц зарабатывал чистыми больше 1 200 000 $ в месяц. Каждый. Чёртов. Месяц. Это больше, чем годовая зарплата генеральных директоров Ford, McDonald's, Motorola и Yahoo… вместе взятых. И это всё — я, парень чуть за двадцать.

Это бесит тех, кто считает, что жизнь несправедлива. Это сбивает с толку тех, кто не понимает, как это возможно, и считает это ошибкой. Но это вдохновляет избранных — тех, кто готов к большему.

Я надеюсь, ты из последней категории, потому что именно для таких людей я это пишу.

Ты *можешь* сделать это.

Тебе просто нужно научиться, *как*.

И я собираюсь тебе это показать.

Разница между ценой и ценностью

«Надеюсь, то, что ты им даёшь, того стоит».

Эти слова могли бы задеть кого угодно, но, когда мой отец сказал их мне, я знал, что он просто не понимает той *ценности*, которую мы даём. Я хочу показать тебе, как создавать и доносить ценность, то есть «ценность» оффера.

Чтобы научиться делать крутые офферы, нужно понять, что такое *ценность*. Причина, по которой люди покупают что-то только в том, что они хотят получить выгоду. Они верят, что то, что они получают (ЦЕННОСТЬ), стоит *больше*, чем то, что они отдают в обмен на это (ЦЕНА). Но как только ценность в их глазах становится меньше цены, которую они платят, они перестают покупать. Эта разница между ценой и ценностью — то, чего нужно избегать любой ценой.

В конце концов, как сказал Уоррен Баффет: «Цена — это то, что ты платишь. Ценность — это то, что ты получаешь».

Самый простой способ увеличить разрыв между ценой и ценностью — это снизить цену. В большинстве случаев это также неправильное решение для бизнеса.

Заставить людей покупать — это НЕ цель бизнеса. Зарабатывать деньги — вот цель бизнеса. А снижение цены для большинства компаний — путь в никуда. Ты можешь опуститься до нуля, но вверх расти можно бесконечно. Поэтому, если у тебя нет революционного способа снизить затраты в 10 раз по сравнению с конкурентами, не соревнуйся по цене.

Как сказал Дэн Кеннеди: «Нет стратегической выгоды быть вторым по дешевизне на рынке, но быть самым дорогим — есть».

Таким образом, цель нашего Оффера Большого Шлема — сделать так, чтобы больше людей соглашались на покупку, причём *по более высокой цене*, увеличив разрыв между ценностью и ценой. Другими словами, мы поднимем цену только *после того*, как существенно увеличим ценность. Так что, клиенты всё равно получают выгодную сделку (например, покупают ценность на 100 000 $ за 10 000 $). Это как «деньги со скидкой».

БЕСПЛАТНЫЙ ПОДАРОК #3: БОНУС-УРОК И БЕСПЛАТНЫЕ МАТЕРИАЛЫ — «НАЗНАЧАЙ ЦЕНУ, КОТОРАЯ СООТВЕТСТВУЕТ ЦЕННОСТИ»

Хочешь узнать, как я создаю разрыв между ценностью и ценой для B2B и B2C продуктов? Зайди на **Acquisition.com/training/offers** и посмотри короткий видеоурок **«Назначай цену, которая соответствует ценности»**. Моя цель — завоевать твоё доверие и заранее дать тебе полезные материалы. Если не хочешь вводить адрес вручную, просто отсканируй QR-код. Всё это абсолютно бесплатно. Наслаждайся!

Почему стоит назначать максимально высокую цену

Большинство владельцев бизнеса на самом деле *не* конкурируют ни по цене, ни по ценности. По правде говоря, они вообще ни в чём не соревнуются. Их процесс ценообразования обычно выглядит так:

1. Изучи рынок.

2. Посмотри, что предлагают остальные.

3. Возьми среднюю цену.

4. Опустись чуть ниже, чтобы остаться «конкурентоспособным».

5. Предлагай то же самое, что и конкуренты, только «чуть больше».

6. В итоге получаешь ценностный оффер: «больше за меньшее».

И вот главный секрет: те конкуренты, которых они копируют, сами сидят без денег. *Так зачем же повторять за ними?*

Ценообразование на уровне рынка означает, что ты работаешь в условиях *эффективного* рынка. Со временем на эффективном рынке всё больше игроков начинают предлагать «чуть больше за чуть меньшую цену», пока, в конце концов, никто уже не сможет предложить больше за меньшую цену. В этот момент цены опускаются до предела, а владельцы бизнеса зарабатывают *ровно столько*, чтобы едва сводить концы с концами. Самые слабые 10–20 процентов игроков вылетают с рынка или теряют мотивацию продолжать борьбу. Затем на их место приходят новые предприниматели, которые не имеют ни малейшего представления, что делают, и повторяют ошибки своих предшественников. Так продолжается снова и снова.

Проще говоря, ценообразование по такому принципу означает, что ты оказываешь услуги едва выше себестоимости, чтобы просто оставаться на плаву. Наша цель — *не* просто выживать. Мы пытаемся зарабатывать огромные деньги, чтобы твои родственники спрашивали, законно ли то, что ты делаешь. И ещё раз: мы не стремимся получить как можно больше клиентов. <u>Наша цель — заработать как можно больше.</u>

Тем не менее: нет никакого стратегического смысла становиться вторым по дешевизне игроком на рынке. Позволь мне вкратце объяснить, почему я считаю премиальное ценообразование не только очень умным бизнес-решением, но и морально оправданным. Более того, это единственный способ, который позволит тебе реально обеспечить максимальную ценность, уникальную и сильную позицию на рынке. Давай поговорим о том, как работает идеальный цикл ценообразования.

Идеальный цикл ценообразования.

ЗК

ИДЕАЛЬНЫЙ ИЛИ ЗАМКНУТЫЙ ЦИКЛ ЦЕНООБРАЗОВАНИЯ $

⬇ ЦЕНА	ТВОИ КЛИЕНТЫ	ЦЕНА ⬆
СНИЖЕНИЕ	ЭМОЦИОНАЛЬНАЯ ВОВЛЕЧЁННОСТЬ	ПОВЫШЕНИЕ
СНИЖЕНИЕ	ВОСПРИЯТИЕ ЦЕННОСТИ	ПОВЫШЕНИЕ
СНИЖЕНИЕ	РЕЗУЛЬТАТЫ	ПОВЫШЕНИЕ
ПОВЫШЕНИЕ	ТРЕБОВАНИЯ	СНИЖЕНИЕ
СНИЖЕНИЕ	ДОХОД С ОДНОГО КЛИЕНТА	ПОВЫШЕНИЕ

⬇ ЦЕНА	ТВОЙ БИЗНЕС	ЦЕНА ⬆
СНИЖЕНИЕ	ПРИБЫЛЬ	ПОВЫШЕНИЕ
СНИЖЕНИЕ	ВОСПРИНИМАЕМАЯ ЦЕННОСТЬ	ПОВЫШЕНИЕ
СНИЖЕНИЕ	ВОСПРИНИМАЕМЫЕ РЕЗУЛЬТАТЫ	ПОВЫШЕНИЕ
СНИЖЕНИЕ	УРОВЕНЬ ОБСЛУЖИВАНИЯ	ПОВЫШЕНИЕ
СНИЖЕНИЕ	УВЕРЕННОСТЬ ОТДЕЛА ПРОДАЖ	ПОВЫШЕНИЕ

Я использовал эту схему во многих своих материалах, потому что её нужно постоянно закреплять. Рынок будет пытаться подорвать твою уверенность, но ты должен оставаться сильным и игнорировать это! Вот почему, тебе *нужно* ставить максимальную наценку, если ты хочешь действительно помогать своим клиентам:

Когда ты снижаешь цену, ты...

... Уменьшаешь эмоциональную вовлечённость клиентов, потому что им это обошлось недорого.

... Снижаешь восприятие ценности своей услуги, ведь она не может быть такой хорошей, если стоит дёшево или как у всех.

... Снижаешь результаты клиентов, потому что они не ценят услугу и не вовлечены.

... Привлекаешь худших клиентов, которые *никогда* не будут довольны, пока твоя услуга не станет *бесплатной*.

... Уничтожаешь остатки своей прибыли, чтобы действительно обеспечивать исключительный клиентский сервис, нанимать лучших специалистов, вкладываться в развитие команды, баловать своих клиентов, инвестировать в рост, новые локации или масштабирование и всё остальное, на что ты рассчитывал для того, чтобы помочь большему числу людей с проблемой, которую можешь решить ты.

Проще говоря, твой мир — отстой. А что ещё хуже, твоя услуга, скорее всего, тоже отстой, потому что ты пытаешься добыть воду из камня. Просто не остаётся денег, чтобы сделать что-то действительно крутое. В итоге ты вливаешься в ряды посредственных бизнесов, которые участвуют в гонке на дно. Я через это прошёл. Это ужасно. Если ты любишь своих клиентов и сотрудников, пожалуйста, хватит экономить на них, когда есть гораздо лучший способ.

Теперь представь обратную ситуацию. Вот что происходит, когда ты поднимаешь цены:

Когда ты повышаешь цены, ты...

... *Увеличиваешь* эмоциональную вовлечённость своих клиентов.

... *Повышаешь* восприятие ценности своей услуги у клиентов.

... *Повышаешь* результаты своих клиентов, потому что они больше ценят твою услугу и вовлечены в неё.

... Привлекаешь *лучших* клиентов, которым *легче* угодить, *дешевле* обходятся и действительно видят ценность в том, что ты делаешь.

... *Умножаешь* свою прибыль, потому что у тебя появляются деньги, чтобы *инвестировать* в системы для повышения эффективности, нанимать умных людей, улучшать клиентский сервис, масштабировать бизнес и, самое главное — видеть, как цифры на твоём банковском счёте растут из месяца в месяц, даже несмотря на реинвестиции в бизнес. Это позволяет тебе в долгосрочной перспективе наслаждаться процессом, помогать большему числу людей по мере своего развития, а не сгорать и исчезать в небытие.

Чтобы ещё сильнее склонить чашу весов в пользу более высоких цен, вот несколько интересных идей. Когда ты поднимаешь цену, ты увеличиваешь ценность, которую получает клиент, не меняя при этом ничего в своем продукте. Подожди, что? Да, именно так.

Высокая цена означает высокую ценность (буквально)

В рамках слепого тестирования исследователи попросили участников оценить три вина: недорогое, среднее по цене и дорогое. В течение эксперимента участники оценивали вина, видя цены на него. Неудивительно, что участники оценили их в порядке стоимости: самое дорогое оказалось «лучшим», второе по цене — «неплохим», а самое дешёвое назвали «дешёвым вином».

Но дегустаторы не знали, что исследователи дали им одно и то же вино трижды. Тем не менее, дегустаторы отметили значительное расхождение между «дорогим» и «дешёвым» вином. Это говорит о глубокой взаимосвязи между ценностью и ценой.

По сути, повышение цены может напрямую увеличить ценность, которую ты предлагаешь. Более того, чем выше цена, тем привлекательнее становится твой продукт или услуга. Люди *хотят* покупать дорогие вещи. Им просто нужен повод. И цель здесь не просто быть чуть выше рыночной цены, а в том, чтобы подняться настолько высоко, чтобы клиент подумал: «Это намного дороже, значит, тут что-то совершенно другое».

Так ты создаёшь свою уникальную категорию. В этом новом, воспринимаемом клиентом рынке ты становишься монополистом и можешь зарабатывать как монополист. Именно в этом и суть.

И последнее, что я хочу донести: если ты предлагаешь услугу, где клиенту нужно что-то сделать, чтобы достичь результата или решить проблему, которую ты обещаешь решить, он должен быть вовлечён. Чем больше он вовлечён, тем выше вероятность, что результат будет положительным. Следовательно, если ты действительно заботишься о своих клиентах, ты должен сделать так, чтобы они вложились по максимуму. В идеале это значит установить цену на свои услуги или продукт так, чтобы цена покупки немного *кусалась*. Эта кусание заставит его сосредоточиться и вложиться в твой продукт или услугу. Те, кто платят больше,

больше вовлечены. И если твои клиенты будут лучше следовать твоим рекомендациям и добиваться более высоких результатов благодаря твоей услуге, чем у конкурентов, то ты действительно предоставляешь больше ценности, чем кто-либо другой. Вот так ты побеждаешь.

Но я понимаю, что это нелегко — и это не должно быть легко. Твой продукт обязан приносить *обещанный результат*. Многие хотят найти короткий путь, избежать настоящей работы. Пойдёшь по этому пути — *потерпишь* крах. В реальном мире, чтобы решиться назначить высокую цену, тебе нужно *победить собственные сомнения*. Ты должен быть настолько уверен в своём продукте, потому что ты делал это *уже столько раз*, что точно *знаешь*: этот человек добьётся результата. Опыт даёт тебе ту самую уверенность в том, чтобы попросить у кого-то сумму, равную его годовой зарплате. Ты должен так глубоко верить в своё решение, что даже когда ты смотришь в зеркало ночью, оставаясь наедине с собой, твоя уверенность остаётся непоколебимой. А теперь позволь мне завершить этот раздел своей личной историей.

Мой опыт работы с премиальными ценами

В моём первом консалтинговом бизнесе — Gym Launch — я учил владельцев тренажерных залов выстраивать более эффективную бизнес-модель. До того как я перевёл свои услуги в формат продукта, я съездил в 33 зала за 18 месяцев, чтобы полностью их перезапустить.

Мы прилетали, исправляли всё, что было не так, и заново открывали зал за 21 день. Средний результат в дополнительном увеличении продаж составил 42 000 $ за этот период (21 день). Это было безумие. Мой гонорар составлял 100% от выручки, которую я дополнительно приносил.

В лучшие времена мы перезапускали по восемь залов в месяц. Это быстро превратилось в логистический кошмар. После нескольких месяцев изнурительной жизни в мотелях, я подумал, *что должен быть способ получше*.

В один из месяцев мы собирались вылететь в очередной зал. Но я просто не хотел этого делать. Я сообщил владельцу, что мы отменяем договорённость. На что он практически угрожал мне, требуя помощи. Тогда я сказал, что помогу, но с одним условием: всю работу он сделает сам, а я покажу ему как.

Через 30 дней этот зал собрал почти 44 000 $ с новых клиентов авансом (в 4 раза больше, чем за предыдущий месяц). Как только я понял, что мой процесс можно повторить удалённо, без моего личного участия и перелётов, наш бизнес взлетел. Я нашёл недостающий элемент, потому что больше не был ограничен своим графиком поездок. За последующие несколько лет мы работали с более чем 4 000 залами (и продолжаем это делать), перейдя от модели *сделаем за вас* на модель *сделаем вместе с вами*. Но… вернёмся к премиальным ценам.

Когда я вошёл в эту нишу, конкуренты с низкими ценами предлагали полный спектр маркетинговых услуг за 500 $ в месяц, и был только один, кто брал 5 000 $ за свой продукт.

Я хотел стать лидером премиального сегмента. Хотел быть настолько дорогим, чтобы вокруг того, что мы делаем, возникала притягательная аура. Поэтому мы поставили цену в три раза выше самого дорогого конкурента и в 32 раза выше игроков с низкими ценами: 16 000 $ за 16-недельный интенсив в формате *сделаем вместе с вами*. А затем 35% из этих клиентов мы перевели на трёхлетний контракт стоимостью 42 000 $ в год, в рамках которого продолжали помогать им развивать их залы.

Для информации: средняя чистая прибыль владельца зала составляет 35 280 $ в год. Если это средний показатель, то *половина* владельцев зарабатывают ещё *меньше*. То есть многие из них брали на себя обязательство потратить *половину* своего годового дохода *или даже больше*, чтобы купить нашу программу. И я продавал её взрослым мужикам, будучи парнем в свои двадцать с небольшим, и говорил, что помогу им зарабатывать больше. Как это было возможно? Моя уверенность была сильнее их скептицизма. *Как?*

Согласно добровольному опросу, проведённому на нашем последнем собрании компании, в котором участвовали 158 тренажерных залов, мы выяснили, что зал, работающий с Gym Launch в течение 11 месяцев, в среднем достигает следующих результатов:

Рост выручки (Top Line): +19 932 $ в месяц (+239 000 $ в год)

Рост регулярного дохода (Recurring Revenue): +13 339 $ в месяц (+160 068 $ в год)

Рост чистой прибыли (Bottom Line): с 2 943 $ в месяц до 8 940 $ в месяц (рост в 3,1 раза!)

Рост клиентской базы: +67 клиентов

Уменьшение % клиентов, которые уходят каждый месяц (Churn): с 10,7% до 6,8%

Продажи розничных товаров: +4 400 $ в месяц

Рост средней цены абонемента: с 129 $ в месяц до 167 $ в месяц

Этот опрос подтвердил то, что я и так знал: я был полностью уверен в своём продукте. Я знал, что он работает. Я смог *преодолеть собственные сомнения*.

Основные выводы

Что ты должен вынести из этого?

Прежде всего, назначай премиальную цену. Это даст тебе возможность делать то, что никто другой не сможет, чтобы твои клиенты добивались успеха. Мы смогли установить высокую цену, потому что предоставляли больше ценности, чем кто-либо в индустрии. По сути, мы брали лишь *малую часть* от того, что клиенты зарабатывали, используя нашу систему. Это важно. <u>Наши клиенты всё равно получали выгодное предложение.</u> Разрыв между тем, что они платили (ценой), и тем, что они получали (ценностью), был огромным. В результате идеальный цикл продолжал работать: мы брали больше всех, давали больше всех, а наши залы оставались самыми конкурентоспособными, зарабатывали больше всех, всегда имели доступ к лучшим и новейшим системам привлечения клиентов и получали поддержку для их внедрения с молниеносной скоростью.

Мы допустили много ошибок на этом пути, но наша ценовая модель точно не была одной из них. Она дала мне возможность делать крупные ставки, не рискуя всем бизнесом. На самом деле, 99% бизнесам нужно повышать цены, чтобы расти, а не снижать их. Прибыль — это кислород. Она подпитывает огонь роста. Без неё невозможно расширить охват и действительно изменить что-то к лучшему.

Но чтобы оправдать высокие цены, нужно уметь создавать невероятную ценность. Давай разберёмся, как это сделать.

РАЗДЕЛ III
ЦЕННОСТЬ: СОЗДАНИЕ ТВОЕГО ОФФЕРА

Как делать настолько выгодные офферы, от которых глупо отказываться?

Ценностный Оффер: Уравнение Ценности

*«Мы подвергаем сомнению все наши убеждения, кроме тех,
в которые действительно верим и тех,
которые мы даже не думаем ставить под сомнение.»*

- Орсон Скотт Кард

Хочу, чтобы это было абсолютно понятно: твоя цель — брать за свои продукты или услуги столько, сколько физически возможно. Я говорю о неприлично больших суммах. При этом поднять цену может любой, но только избранные могут установить такие цены *и заставить людей сказать «да».*

С этого момента тебе нужно отказаться от любых представлений о «справедливости». Все крупнейшие компании мира берут с тебя деньги за то, что почти ничего им не стоит. Телефонной компании стоит копейки добавить нового пользователя, но они спокойно берут с тебя сотни долларов в месяц за доступ. Производство лекарств тоже обходится в копейки, но они не против брать за это сотни долларов в месяц. Медиакомпании требуют огромные деньги у рекламодателей за твоё внимание, хотя им почти ничего не стоит заставить тебя лайкать фотографии котиков в соцсетях. Тебе *нужно* создавать огромный разрыв между тем, сколько это стоит тебе, и тем, сколько ты за это берёшь. Это единственный способ добиться безумного успеха.

Многие предприниматели считают, что брать «слишком много» — это плохо. На самом деле да, нельзя брать больше, чем *ценность* твоего продукта. Но ты должен брать за свои продукты и услуги *гораздо* больше, чем их себестоимость. Не в два или три раза больше, а в десятки, а то и в сто раз. Если ты даёшь достаточно *ценности*, то для потенциального клиента это всё равно будет выглядеть как *выгодная* сделка. Вот в чём сила ценности. Она открывает безграничные возможности для установления цены и роста прибыли, что позволяет масштабировать твой бизнес.

Например, один из моих частных клиентов (в компании которого у меня есть доля) работает в сфере фотографии. За два года, применяя тактики, описанные в этой книге, владелец смог увеличить средний чек с 300 $ до 1 500 $. Это рост в 5 раз (шок!). Ещё круче то, что сейчас они тратят меньше времени на каждого клиента, а уровень удовлетворённости клиентов стал *выше*. Рост среднего чека в 5 раз увеличил прибыль бизнеса в 38 раз. Компания начала зарабатывать 38 000 $ в неделю вместо прежних 1 000 $ — и продолжает расти. Благодаря этому компания смогла масштабироваться, открыв новые локации, и предложить достойную работу отличным сотрудникам. А ещё один приятный бонус: мы смогли пожертвовать ещё больше денег в детские благотворительные организации, что является нашей общей целью с этим владельцем (на момент написания книги это было почти 500 000 $). Но всё это было бы невозможно без понимания того, что клиенты ценят больше всего, тройного усиления этих аспектов и безжалостного отказа от всего остального. Повышение цены в 5 раз может показаться сумасшедшей идеей, но клиенты своими деньгами проголосовали за то, что компания предлагает сейчас, и это *гораздо* лучше, чем то, что она предлагала раньше. Раскрытие ценности открывает мир безграничной прибыли, влияния и возможностей.

Те, кто понимают *ценность*, способны брать за свои услуги наивысшую плату. Хорошая новость в том, что для этого есть повторяемая формула, которую я разработал (никогда не видел её где-либо ещё), чтобы помочь количественно определить переменные, которые создают ценность для любого оффера. Я назвал её *Уравнением Ценности*. Как только ты её увидишь, она уже не выйдет у тебя из головы. Она будет работать в твоём подсознании, постоянно напоминая о себе. Это как новая линза, через которую ты смотришь на мир.

Уравнение Ценности

БЕСПЛАТНЫЙ ПОДАРОК #4: УРАВНЕНИЕ ЦЕННОСТИ — ВИДЕО И БЕСПЛАТНЫЕ МАТЕРИАЛЫ

Если ты хочешь узнать, как я преобразовываю основное предложение бизнеса во что-то более ценное, переходи на сайт **Acquisition.com/training/offers** и выбери видео **«Уравнение Ценности»**, чтобы посмотреть короткое обучающее видео. Я также добавил чек-лист для скачивания. Моя цель — завоевать твоё доверие и заранее предоставить ценность. Можешь просто отсканировать QR-код, если не хочешь вводить адрес вручную. Всё абсолютно бесплатно. Наслаждайся!

Как видно на картинке, есть четыре основных фактора ценности. Два из них (сверху) нужно увеличить. Два других (снизу) — уменьшить.

1. 👍 Желаемый результат (Цель: Увеличить)

2. 👍 Ожидаемая вероятность достижения (Цель: Увеличить)

3. 👎 Ожидаемая задержка между началом и достижением (Цель: Уменьшить)

4. 👎 Ожидаемые усилия и жертвы (Цель: Уменьшить)

Если ты обратил внимание на вопросы, которые задавал мне мой отец, ты увидишь, что они соответствуют этим факторам:

Что я получу? (Желаемый результат)

Как я узнаю, что это произойдёт? (Ожидаемая вероятность достижения)

Сколько времени это займёт? (Задержка по времени)

Что от меня требуется? (Усилия и жертвы)

Свести к нулю нижнюю часть уравнения

В начале своей карьеры я сосредоточил всё внимание на желаемом результате и вероятности достижения (социальное доказательство, поддержка третьих лиц и т. д.). Другими словами, на верхней части уравнения. Именно здесь начинающие маркетологи дают громкие обещания. Это легко, но это путь для ленивых.

Но со временем я понял, что такие громкие обещания проще всего создать (и поэтому они менее уникальны). Ведь каждый может что-то пообещать. А вот уменьшить время и усилия — задача куда сложнее и конкурентнее. Лучшие компании в мире сосредоточили своё внимание именно на нижней части уравнения. Сделать всё мгновенным, простым и не требующим усилий. Apple сделала iPhone удобным в использовании по сравнению с другими телефонами того времени. Amazon упростил покупки до одного нажатия кнопки, *и* доставку сделал почти мгновенной (возможно, когда ты это читаешь, они уже доставляют дронами в течение 60 минут). Netflix сделал просмотр телепередач мгновенным и удобным. Чем старше я становлюсь, тем больше внимания я уделяю «сложному» — уменьшению нижней части уравнения. И я верю, что, чем лучше ты это делаешь, тем сильнее рынок тебя вознаградит.

Последнее замечание: причина, по которой это уравнение основано на делении, а не на сложении («+»), в том, что я хотел донести одну важную мысль. Если тебе удастся свести нижнюю часть уравнения к нулю, ты в выигрыше. Неважно, насколько мала верхняя часть, ведь любое число, делённое на ноль, равно бесконечности (хотя, технически это не доказано по мнению математических ботаников). Другими словами, если ты сможешь свести для потенциальных клиентов время получения ценности до нуля (то есть, он мгновенно получает желаемый результат), и усилия и жертвы равны нулю, то твой продукт станет бесконечно ценным. Если ты сможешь этого добиться, ты выиграешь игру.

То есть, теоретически, потенциальный клиент покупает у тебя продукт, в момент списания денег с его карты он мгновенно получает желаемый результат. *Это* и есть бесконечная ценность.

Представь, что ты нажал кнопку покупки средства для похудения на сайте, и твой живот мгновенно превращается в кубики пресса. Или представь, что ты нанял маркетинговую фирму, и как только подписал договор, твой телефон сразу начинает разрываться от звонков новых, идеально подходящих клиентов. Насколько ценными будут такие продукты и услуги? Бесконечно ценными. И в этом суть.

Не знаю, сможем ли мы, предприниматели, когда-нибудь достичь этого, но это тот гипотетический максимум, к которому мы все должны стремиться, и поэтому я построил уравнение таким образом.

Восприятие — это реальность

Восприятие — это реальность. Дело не в том, насколько ты увеличиваешь вероятность успеха для потенциального клиента или сокращаешь время до достижения результата, или уменьшаешь его усилия и жертвы. Само по себе это *не* даёт ценности. Часто клиент даже не осознает этого. Оффер Большого Шлема становится ценным только тогда, когда потенциальный клиент *ощущает*, что вероятность успеха возросла, время до результата сократилось, а усилия и жертвы уменьшились.

Идеальный пример тому — ситуация в лондонском метро. Самый большой рост количества довольных пассажиров (*то есть повышение ценности*) был вызван не ускорением поездов и сокращением времени ожидания. Напротив, это произошло из-за размещения простой интерактивной карты с движущимися точками, которая показывала им, когда придёт следующий поезд и сколько осталось ждать. Эти карты, стоившие всего несколько миллионов долларов, уменьшили *восприятие* задержки времени и жертв (то есть ощущение скуки во время ожидания) больше, чем если бы они реально ускорили поезда (что обошлось бы в миллиарды). Круто? Именно так мы должны думать о наших продуктах.

Полезный совет: Логические решения против психологических

Большинство людей пытаются решать проблемы логическим путём. Но логические решения уже, как правило, были испробованы... именно, потому что они логичны (это то, что все пытаются сделать).

Как владелец бизнеса и предприниматель, я всё чаще пытаюсь справиться с проблемой, находя не только логические, но и психологические решения. Ведь если бы логическое решение уже существовало, его бы нашли, и проблема бы исчезла. Остаются только психологические проблемы.

<u>**Примеры, вдохновлённые Рори Сазерлендом, директором по маркетингу в Ogilvy Advertising**</u>:

«Любой дурак может продать товар, предложив скидку. Но чтобы продать тот же товар дороже, нужно настоящее мастерство в маркетинге».

Логическое решение: ускорить поезда, чтобы повысить удовлетворённость пассажиров.

Психологическое решение: уменьшить боль ожидания, добавив карту с точками.

Психологическое решение: нанять моделей в качестве бортпроводниц на рейсе (люди будут надеяться, что поездка продлится дольше!).

Логическое решение: сделать лифт быстрее.

Психологическое решение: установить зеркала от пола до потолка, чтобы люди отвлекались на своё отражение и забывали, сколько времени они проводят в лифте.

Логическое решение: сделать товар дешевле.

Психологическое решение: сделать его более редким и поднять цену, что усилит у людей желание его купить.

Большинство логических решений уже были испробованы и оказались неудачными. На этом этапе истории мы должны попробовать психологические решения, чтобы решить проблемы.

Поэтому, от нас, как от владельцев бизнеса, зависит насколько чётко мы донесем эти факторы ценности до потенциальных клиентов, чтобы улучшить ощущения ценности. То, насколько хорошо ты ответишь на эти вопросы в голове потенциального клиента, и определит ту ценность, которую ты создаёшь. Только после этого мы сможем по-настоящему понять реальную ценность нашего продукта для рынка и, как следствие, сможем оправданно устанавливать высокие цены.

Трудно разделить эти четыре фактора ценности, так как большинство предложений включает в себя сразу несколько из них, но я постараюсь максимально точно выделить и объяснить каждый из них ниже.

#1 Желаемый результат (Цель = Увеличить)

У людей есть глубокие, неизменные желания. Из-за них распадаются браки, ведутся войны, и люди готовы ради них пойти на смерть. Наша задача — не создать это желание, а просто направить его через наше предложение и способ монетизации.

Желаемый результат — это отражение чувств и переживаний, которые потенциальный клиент уже представил в своем уме. Это разрыв между его текущей реальностью и его мечтами. Наша задача — точно показать ему эту мечту, чтобы он почувствовал, что его поняли, и объяснить, как наше предложение поможет её достичь.

Желаемый результат прост; именно «путь к нему» увеличивает или снижает ценность.

Люди в целом, а наши клиенты частности, хотят:

... Казаться красивыми

... Быть уважаемыми

... Казаться влиятельными

... Быть любимыми

... Повысить свой *статус*

Все эти желания — мощные движущие факторы.

Но достичь одного и того же можно разными способами. Возьмем, к примеру, желание *«казаться красивыми»*. Вот несколько вещей, которые помогают удовлетворить это желание:

Макияж

Антивозрастные кремы/сыворотки

Пищевые добавки

Корректирующее белье

Пластическая хирургия

Фитнес

→ Все эти способы направлены на реализацию желания стать красивым.

Если глубже рассмотреть желание быть красивым, то становится понятно, что это всего лишь внешнее выражение более глубокой потребности — повысить свой статус в социальной группе.

Фактор желаемый результат проявляется особенно ярко, когда мы сравниваем ценность *двух разных желаний*. В общем, то желание, которое сильнее повышает статус потенциального клиента, будет иметь для него большую ценность. Таким образом, человек может оценить способы удовлетворения одного желания выше, чем способы достижения другого желания. Для многих мужчин зарабатывать деньги важнее, чем быть красивыми. Почему? Потому что деньги определяют статус мужчины в большей степени, чем красота. Поэтому, как правило, все офферы, которые приносят им деньги, они будет ценить больше, чем офферы, которые помогают им хорошо выглядеть.

Однажды я слышал, как Рассел Брансон рассказывал историю, связанную с этой концепцией. Он объяснил, как его жена Коллетт сначала отвергла идею о том, что люди движимы статусом. Она утверждала, что ей не важен статус и что она никогда не захочет водить Lamborghini. Вместо этого она предпочла свой минивэн. Но после дальнейшего обсуждения выяснилось, что, если бы она ездила на Lamborghini, её статус среди подруг-мам понизился бы. А вот минивэн, наоборот, показывал бы, что она хорошая мама (что повышало её статус). То есть дело вовсе не в деньгах, а в *статусе (в том, как человек воспринимает повышение или понижение своего положения в обществе или на работе).* Говори о том, что, по мнению твоих потенциальных клиентов, повысит его статус, и у них потекут слюнки.

> **Полезный совет: Сформулируй преимущества своего продукта с точки зрения статуса, полученного в глазах окружающих**
>
> Когда ты пишешь текст, делай его более убедительным, объясняя, как другие люди воспримут достижения потенциального клиента. Соедини эти точки для него. Пример: если ты купишь эту клюшку для гольфа, твой удар станет длиннее на 40 ярдов (37 м.). У твоих друзей по гольфу отвиснут челюсти, когда они увидят, как твой мяч пролетает на 40 ярдов дальше, чем их мячи. Они спросят, что изменилось... но только ты знаешь об этом.

Тем не менее, когда мы сравниваем два продукта или услуги, которые удовлетворяют одно и то же желание, ценность, исходящая из желаемого результата, будет одинаковой (так как результат один и тот же). Разницу в восприятии ценности, а в итоге и в цене, создают три другие переменные. Например, если у нас есть два продукта или услуги, которые помогают сделать человека красивым, то разница в восприятии ценности каждого оффера будет зависеть от вероятности достижения результата, времени до его получения и требуемых усилий.

Проще говоря: если два продукта, делают человека красивым, то почему один стоит 50 000 $, а другой всего 5 $? Ответ: всё зависит от остальных трёх факторов ценности.

#2 Ожидаемая вероятность достижения (Цель = Увеличить)

Эта переменная была последней, которую я добавил, когда несколько лет назад пытался продумать эту схему. Мне казалось, что чего-то не хватает, если учитывать только три другие.

Потом я понял: люди платят за уверенность. Они ценят уверенность. Я называю это «ожидаемой вероятностью достижения». Другими словами: «Какова вероятность, что я получу желаемый результат, если сделаю эту покупку?»

Например, сколько бы ты заплатил за то, чтобы стать 10 000-м пациентом пластического хирурга по сравнению с его первым пациентом?

Если ты нормальный, здравомыслящий человек, то, конечно, заплатишь гораздо больше. Чёрт возьми, ты, возможно, даже попросил бы заплатить тебе, если бы ты стал его первым пациентом.

Итак, даже на этом простом примере видно: хотя услуга остаётся технически той же самой, единственное, что меняется — это твоя ожидаемая вероятность получения того, что ты хочешь.

Оба хирурга тратят одинаковое количество времени на операцию (если уж на то пошло, то тот, кто делал это 10 000 раз, выполнит её быстрее, *и всё равно* возьмёт *больше* денег). Более опытный хирург имеет доказанную историю успешных операций, что делает его более привлекательным для пациентов.

Люди ценят эту ожидаемую вероятность достижения результата. Увеличивая уверенность потенциального клиента в том, что твоё предложение «действительно» сработает для него, сделает твой оффер гораздо более ценным, хотя работа для тебя остаётся той же самой. Поэтому, чтобы повысить ценность любого предложения, нам нужно чётко донести ожидаемую вероятность достижения успеха через сообщения, доказательства, элементы предложения и наши гарантии (о которых мы поговорим позже).

#3 Задержка по времени (Цель = Уменьшить)

Задержка по времени — это промежуток времени между покупкой клиента и получением обещанного результата. Чем меньше этот промежуток, тем более ценными становятся твои услуги или продукт.

Этот фактор ценности делится на два элемента: долгосрочный результат и краткосрочные достижения. Часто на пути к долгосрочным результатам возникают краткосрочные достижения. Эти маленькие победы случаются «по дороге» и приносят ценность.

Важно понимать оба элемента. То, что люди *покупают*, — это долгосрочная ценность или так называемый «желаемый результат». Но то, что заставляет их *оставаться* на пути к этому результату — это краткосрочный опыт. Это маленькие достижения, которые клиент видит на пути и понимает, что движется в правильном направлении. Мы стараемся включать как можно больше таких «этапов» в любую услугу, которую предлагаем. Нам нужно, чтобы клиенты получили большую эмоциональную победу (как можно скорее после покупки). Это даёт им эмоциональную поддержку и импульс, чтобы «довести дело до конца» и достичь своей цели.

Например, чтобы увеличить доход тренажерного зала на 239 000 $ в год, потребуется некоторое время. Но именно это они и покупают. Поэтому, как только они заключили с нами сделку, нам нужно создать быстрые эмоциональные победы. Один из способов — запустить их рекламу и помочь закрыть первую продажу на 2 000 $ в течение первых семи дней. Таким образом, их решение работать с нами подкрепляется, и они сразу начинают нам больше доверять. Это повышает вероятность того, что они будут следовать нашим схемам и дойдут к своей конечной цели.

> ### Полезный совет: Быстрые победы
> Всегда старайся добавлять краткосрочные, мгновенные победы для клиента. Будь креативным. Им просто важно знать, что они на правильном пути и приняли верное решение, доверившись тебе и твоей компании.

Приведу ещё один пример. Если я продаю кому-то программу для создания идеального тела, то задержка по времени может составлять 12 месяцев или даже больше. Но по мере того, как их тело меняется, они могут почувствовать повышение либидо, увеличение энергии и расширение круга общения.

Они изначально не покупали это, но такие краткосрочные результаты могут удерживать их в программе достаточно долго, чтобы достичь конечной цели. Они покупают мечту, но остаются ради тех преимуществ, которые они находят на этом пути. Чем быстрее и нагляднее ты сможешь продемонстрировать эти преимущества, тем более ценными будут твои услуги. Клиента, который хочет похудеть, мы обычно знакомили с другими участниками, чтобы он сразу получил социальные преимущества от программы, и назначали в начале более агрессивную диету. Почему? Потому что мы хотели, чтобы они получили быстрый и сильный эмоциональный отклик, чтобы мы могли убедить их взять на себя обязательства на длительный срок. Это также подтверждается наукой. Люди, одержавшие победу в самом начале, с большей вероятностью продолжат путь, чем те, кто этого не делает.

Тем не менее, ждать от 12 до 24 месяцев, чтобы получить желаемое — это слишком долго, когда можно сделать липосакцию и завершить всё за полдня. Это одна из причин, почему люди готовы заплатить 25 000 $ за липосакцию с подтяжкой живота, в то время как они едва ли согласятся платить 100 $ в месяц за участие в фитнес-программе.

Но это ведь не единственная причина, правда?

Именно это подводит нас к последнему фактору ценности — усилиям и жертвам.

Полезный совет: Быстрое побеждает Бесплатное

Единственное, что может превзойти «бесплатно» — это «быстро». Люди готовы платить за скорость. Многие компании вышли на рынки, где услуги предоставляются бесплатно, и добились огромного успеха, сосредоточив внимание на стратегии «скорость превыше всего». Вот несколько ярких примеров: очередь в американские госслужбы по выдаче прав и регистрации авто, где можно стоять вечно, либо заплатить 50 долларов и пройти без очереди, чтобы обновить права. FedEx против USPS (когда посылка должна быть доставлена на следующий день). Spotify против медленной бесплатной музыки. Uber против ходьбы пешком. Быстрое побеждает бесплатное. Многие всегда готовы заплатить (цену) за (ценность) скорость. Так что, если ты оказываешься в конкурентной борьбе с «бесплатно», делай ставку на скорость.

#4 Усилия и жертвы (Цель = Уменьшить)

Это то, что люди «платят» дополнительными затратами, известными как «расходы, возникшие по ходу дела». Эти затраты могут быть как материальными, так и нематериальными.

Используя пример фитнеса против липосакции, давай посмотрим на разницу в усилиях и жертвах:

Усилия и жертвы при фитнесе:	Усилия и жертвы при липосакции:
Вставать на один-два часа раньше по утрам	Заснуть
Тратить по пять-десять часов в неделю	Гарантировано проснуться стройным
Перестать есть любимую еду	Ощущать боль две-четыре недели
Постоянное чувство голода	
Физическая боль	
Неловкость от того, что не знаешь, как правильно заниматься	
Риск травмы	
Тошнота во время тренировок	
Приготовление еды	
Покупка новых, более дорогих продуктов	
Покупка новой одежды (для некоторых это может быть плюсом)	
Страх набрать вес обратно после всех усилий (непостоянство)	
И так далее...	

Огромная разница, правда?

На самом деле, маркетинг пластических хирургов точно нацелен на эти болевые точки, когда они говорят что-то вроде: *«Устали проводить бесчисленные часы в тренажерном зале... устали от диет, которые не работают?»*

Именно поэтому, когда ты продаёшь фитнес, тебе приходится тратить час, убеждая клиента заплатить всего лишь 1/10 или даже 1/100 от суммы, которую он готов отдать за операцию. Ожидаемая ценность просто не так высока, потому что ожидаемая вероятность достижения результата, задержка времени до результата, усилия и жертвы слишком велики.

Так что несмотря на то, что конечный результат одинаков, ценность способов его достижения значительно отличается, отсюда и разница в цене.

Снижение усилий и жертв, а иногда даже просто уменьшение их восприятия, может значительно повысить привлекательность твоего предложения.

В идеальном мире потенциальный клиент хочет просто «сказать да» и получить желаемый результат без дополнительных усилий с его стороны.

Именно поэтому услуги формата «сделаем за вас» почти всегда дороже, чем «сделай сам», потому что клиент не сталкивается с теми же усилиями и жертвами. Сюда же добавляется элемент «ожидаемая вероятность достижения» результата. Люди верят, что если за дело берётся эксперт, то вероятность успеха выше, чем если они попытаются сделать это сами.

Я надеюсь, что теперь у тебя есть базовое понимание составляющих ценности и того, как взаимодействие этих факторов создаёт или уменьшает ту ценность, за которую клиент готов платить.

Соединим всё вместе

Как я говорил ранее, эти факторы ценности не работают отдельно. Они работают в комбинации. Давай рассмотрим несколько примеров, где все четыре фактора ценности действуют одновременно.

Чтобы количественно определить ценность, я буду использовать двоичную шкалу: 1 — ценность есть, 0 — ценности нет. Затем я сложу все четыре, чтобы дать относительную оценку ценности разных типов услуг. Наша цель как маркетологов и владельцев бизнеса — увеличить ценность желаемого результата и ожидаемую вероятность результата, при этом уменьшая задержку по времени и усилия и жертвы, необходимые для достижения.

Начнем с того, что я проведу сравнительное сопоставление двух «инструментов» с одинаковым желаемым результатом: медитация и препарат Ксанакс. Оба предлагают покупателю расслабление, снижение тревожности и чувство благополучия. Я покажу, как остальные три переменные кардинально меняют ценность достижения этого результата и, в конечном итоге, влияют на цену.

Пример: Желаемый результат: «Расслабление», «Снижение тревожности», «Чувство благополучия». Медитация против Ксанакса

Мера ценности	Медитация	Оценка	Ксанакс	Оценка
Желаемый результат	«Расслабление», «Снижение тревожности», «Чувство благополучия»	1/1	«Расслабление», «Снижение тревожности», «Чувство благополучия»	1/1
Ожидаемая вероятность достижения	Низкая, так как большинство людей отвлекается и не верит, что они будут ежедневно медитировать	0/1	Высокая, так как большинство уверено, что если примут таблетку, она их расслабит	1/1
Задержка по времени	Долгое время для достижения долгосрочных результатов. Некоторые мгновенные эффекты через 10-20 минут (если не разочаруешься раньше времени)	0,5/1	15 минут для ощутимого эффекта	1/1
Усилия и жертвы	Физический дискомфорт (часто затекают конечности). Психологический дискомфорт (чувство постоянной неудачи). Временные жертвы (нужно выделять время каждый день)	0/1	Проглотить таблетку	1/1
Общая ценность	**Низкая**	**1,5/4**	**Высокая**	**4/4**

Именно поэтому «Ксанакс» — это продукт с многомиллиардными доходами, тогда как я почти не знаю многомиллиардных бизнесов в медитации... Вот что такое ценность.

Я не собираюсь спорить о том, что медитация лучше Ксанакса (очевидно, что она лучше), но это не значит, что её воспринимают как более ценную.

Именно поэтому индустрия пищевых добавок (123 миллиарда долларов, по данным *Grandview Research*) в два раза больше, чем индустрия оздоровительных клубов (62 миллиарда долларов, по данным *IHRSA*). Они оба достигают одни и те же цели — «быть здоровым», «похудеть», «выглядеть лучше», «получать больше энергии» и т. д. — но одна из них воспринимается как более ценная, потому что она обходится «дешевле».

Люди охотнее заплатят 200 $ за добавки, чем 29 $ в месяц за абонемент в тренажерный зал. Ведь принять таблетку или выпить коктейль гораздо быстрее и проще, чем ходить в тренажерный зал каждый день. Отсюда... ценность.

Мы живём в безумном мире.

Ты можешь сидеть и писать «жалобные» посты о том, что люди «должны» быть другими. А можешь воспользоваться *человеческой природой* и извлечь из этого выгоду. Эта книга для тех, кто хочет быть победителем, а не жертвой обстоятельств.

Ты можешь быть правым или можешь быть богатым. Эта книга для того, чтобы стать богатым. Если тебя это беспокоит, отложи её и продолжай спорить с человеческой природой. Подсказка: ты не изменишь её.

Итак, знание того, что люди считают ценным, а что для них действительно полезно — это ключ к успеху. Это значит, что ты можешь найти способы монетизировать то, что люди ценят, чтобы дать им то, что им действительно нужно.

Взаимовыгодная сделка.

Ты можешь внести свой вклад в улучшение мира и *при этом* получать прибыль.

Бесплатная Благодарность

«Тот, кто сказал, что деньги не могут купить счастье, просто ещё недостаточно раздавал их.»

- Неизвестный автор

Люди, которые помогают другим (без ожидания чего-либо взамен), чувствуют себя более удовлетворёнными, живут дольше и зарабатывают больше. Я хотел бы создать возможность передать эту ценность тебе во время твоего чтения или прослушивания этой книги. И чтобы сделать это, у меня к тебе простой вопрос:

Поможешь ли ты человеку, которого никогда не встречал, если это не будет стоить тебе ничего, и ты никогда не получишь за это благодарность?

Если да, то у меня есть «просьба» — от имени человека, которого ты, не знаешь и, скорее всего, никогда не узнаешь.

Этот человек такой же, как ты, или как ты несколько лет назад: менее опытный, полный желания изменить мир к лучшему, ищущий информацию, но не знающий, где её найти... и вот тут ты можешь помочь. Единственный способ, которым мы в Acquisition.com можем выполнить нашу миссию — помочь предпринимателям, это сперва достучаться до них. А большинство людей, как известно, судят книгу по обложке (и отзывам). Если ты находишь эту книгу ценной, пожалуйста, удели всего минуту прямо сейчас и оставь честный отзыв о книге и её содержании. Это займёт меньше 60 секунд и не будет стоить тебе ни копейки.

Твой отзыв поможет...

...ещё одному предпринимателю поддерживать свою семью.

...ещё одному сотруднику найти работу, которая имеет для него смысл.

...ещё одному клиенту пережить трансформацию, которую он вряд ли бы испытал без этого.

...ещё одной жизни измениться к лучшему.

Чтобы это стало реальностью, всё, что тебе нужно сделать... и это займёт меньше 60 секунд... — оставить отзыв.

Если ты слушаешь на Audible: нажми на три точки в правом верхнем углу устройства, выбери "Rate & Review" и напиши пару предложений о книге, добавив звёздный рейтинг.

Если читаешь на Kindle или другом ридере: пролистай книгу до конца, и свайпни вверх, и система автоматически предложит оставить отзыв.

Если вдруг функционал изменился: просто зайди на страницу книги на Amazon (или там, где ты её купил) и оставь отзыв прямо на странице.

P.S. Если ты чувствуешь себя хорошо, помогая незнакомому предпринимателю, значит, ты из моей команды. Я с ещё большим энтузиазмом помогу тебе добиться успеха в следующих главах (тебе понравятся тактики, о которых я расскажу).

P.P.S. Лайфхак: если ты показываешь что-то ценное другому человеку, он начинает ассоциировать эту ценность с тобой. Хочешь немного благодарности от другого предпринимателя? Отправь ему эту книгу.

Спасибо от всего сердца. А теперь возвращаемся к нашей программе.

— Твой главный фанат, Алекс.

Ценностный Оффер: Мыслительный процесс

«Если сначала у тебя не получилось, пробуй снова и снова.»

- Томас X. Палмер, Руководство для преподавателей

Я хочу выполнить с тобой одно упражнение. Хочу показать разницу между конвергентным и дивергентным подходами к решению проблем. Зачем? Чтобы ты действительно смог создать Оффер Большого Шлема, который станет краеугольным камнем твоего бизнеса.

Конвергентное и дивергентное мышление

Если говорить простыми словами, конвергентное решение проблем — это когда ты берёшь множество известных переменных с неизменными условиями и сводишь их к одному-единственному ответу. Вспомни математику.

Пример:

У тебя есть 3 продавца, каждый из которых может сделать 100 звонков в месяц.

На 1 продажу требуется 4 звонка (включая без ответа).

Тебе нужно достичь 110 продаж.

Сколько продавцов нужно нанять?

Дано:

1 продавец = 100 звонков

4 звонка = 1 закрытая сделка

100 звонков / 4 звонка на сделку = 25 сделок на 100 звонков

25 сделок на одного продавца

Цель: 110 продаж *всего* / 25 продаж на одного продавца = 4,4 продавца

Так как ты не можешь нанять 4,4 продавца, ты решаешь, что нужно нанять *пятерых*.

<u>ОТВЕТ: У тебя уже есть 3, значит, нужно нанять ещё *двоих.*</u>

Математические задачи — это конвергентное мышление. В них есть много переменных и только один правильный ответ. Нас учат в школе думать так всю жизнь. Это потому, что так легче нас оценивать.

Но жизнь будет платить тебе за умение решать задачи с помощью дивергентного мышления. Другими словами, находить множество решений одной проблемы. Более того, конвергентные ответы однозначны. Они либо правильные, либо нет. А вот с дивергентным мышлением можно получить несколько правильных решений, и одно из них может быть намного лучше остальных. Звучит круто, правда?

Как выглядит задача для дивергентного мышления в жизни: множество переменных — известных и неизвестных, динамические условия, множество решений.

Поэтому я хочу сделать с тобой одно упражнение, которое задействует ту часть твоего мозга, которая понадобится, чтобы сотворить что-то по-настоящему волшебное.

Я называю его упражнение «кирпич». Не переживай, оно займёт всего 120 секунд.

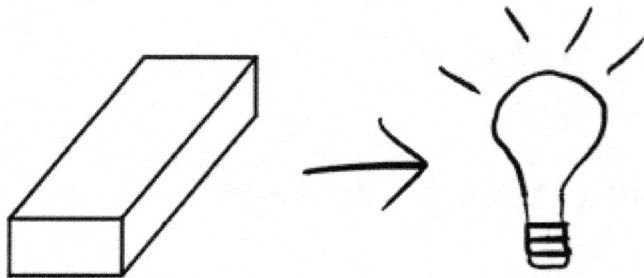

Упражнение «кирпич»

Прямо сейчас поставь таймер на телефоне на 120 секунд. Что тебе нужно сделать: подумай о кирпиче.

Запиши как можно больше *разных* способов, как можно использовать кирпич. Сколько различных вариантов использования кирпича ты можешь придумать, чтобы он приносил пользу?

Готов? Вперёд. Пиши прямо в книге, это нормально.

....

....

....

....

....

....

....

....

....

ОК. Стоп. Теперь, прежде чем я покажу тебе свой список, учёл ли ты:

... Какого размера кирпич? Размер жвачки, стандартного кирпича, бетонного блока?

... Из чего сделан кирпич? Пластик, золото, глина, дерево, металл?

... Какая у кирпича форма? Есть ли в нём отверстия? Выемки для укладки?

Теперь, обдумав это, можешь ли ты придумать ещё больше вариантов использования кирпича, чем написал раньше?

Вот мой список:

- Пресс для бумаги

- Дверной упор

- Для строительства

- Домик для рыбки в аквариуме

- Емкость для растений с землёй в отверстиях (кирпич с отверстиями)

- Трофей (раскрашенный кирпич)

- Декор

- Чтобы разбить окно

- Создание мозаики (раскрашенные маленькие кирпичики)

- Груз для силовых тренировок

- Подпорка для неровной платформы

- Подставка для ручек (кирпич с отверстиями)

- Детская игрушка (кирпичи, как лего)

- Плавучий предмет (пластиковый кирпич)

- Платёжное средство (золотой кирпич)

- Опора для наклонённого предмета

- Хранитель ценности (золотой кирпич)

- Держатель для флагштока (кирпич с отверстиями)

- Сиденье (бетонный блок)

Каждый оффер состоит из строительных блоков — элементов, которые вместе делают предложение неотразимым. Наша цель — применить дивергентное мышление, чтобы придумать как можно больше способов комбинировать эти элементы и создавать ценность.

Так что, если бы я продавал кирпич, я бы выяснил, чего хочет мой клиент, а затем придумал, как с помощью «кирпича» создать для него максимальную ценность.

А теперь давай сделаем это по-настоящему.

Ценностный Оффер:
Создание Твоего Оффера Большого Шлема
Часть I: Проблемы и Решения

«ABC, так просто как раз-два-три. И, так же просто как до-ре-ми.»

- Майкл Джексон, «ABC»

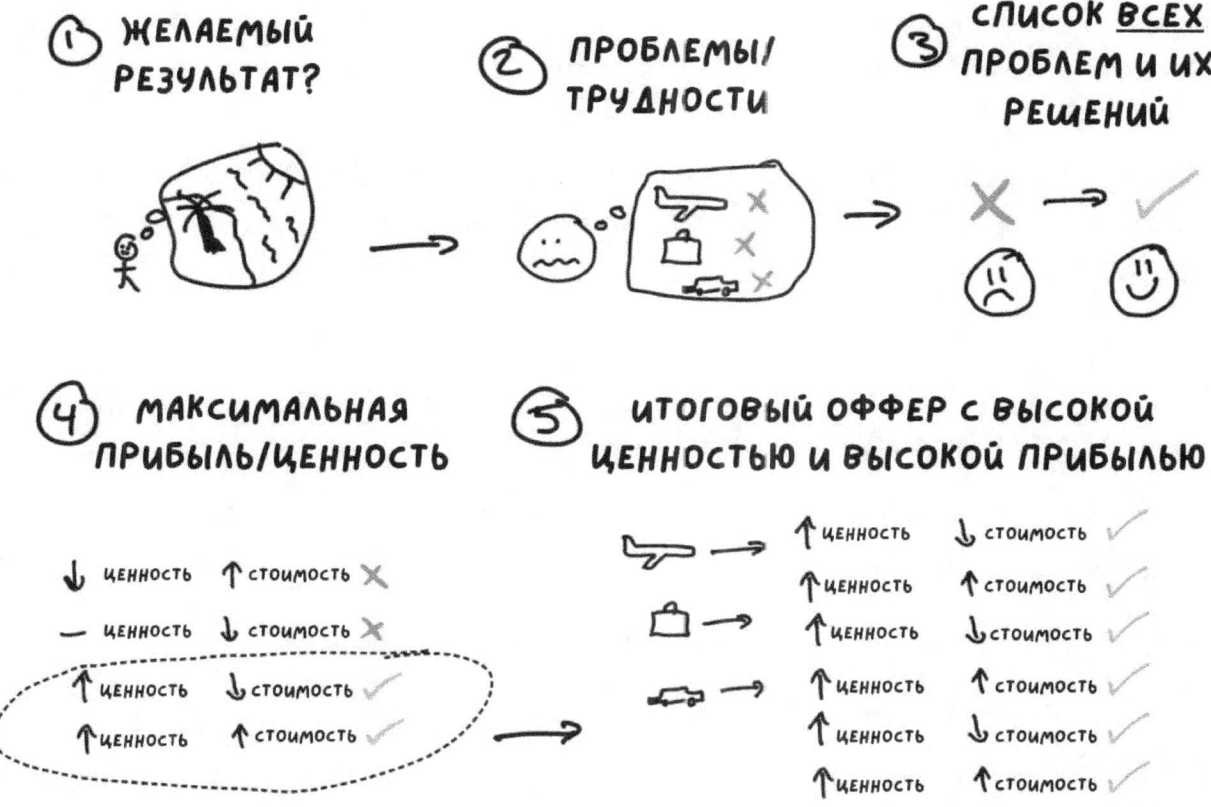

Когда я открыл свой первый тренажерный зал, мне было трудно. Я изо всех сил хотел добиться успеха, доказать отцу, что он ошибался, когда критиковал моё решение открыть собственный бизнес, и доказать самому себе, что я чего-то стою. Но как бы я ни старался, я не мог продать людям даже место в групповых тренировках за 99 $ в месяц. Люди говорили: «в LA Fitness абонемент стоит 29 $ в месяц. У тебя — дорого». Я даже пробовал предлагать им начать бесплатно. Они отвечали, что не станут начинать, потому что 99 $ в месяц после пробного периода для них всё равно слишком дорого, и они не хотят ввязываться в то, что не смогут продолжать.

Это новый уровень разочарования, когда ты даже бесплатно не можешь предложить свои услуги людям. Я чувствовал себя никчёмным и не знал, что делать. К счастью, в тот период я был в сообществе владельцев тренажерных залов и узнал от них о маркетологах и полезных книгах. Я начал читать всё, что попадалось под руку. И как только я наткнулся на книги Дэна Кеннеди, меня это полностью захватило.

В своих книгах он рассказывал о создании «неотразимых офферов». Эта идея — «сделать предложение настолько крутым, чтобы людям было глупо от него отказываться» — снова и снова всплывала передо мной. Но на этот раз, вспомнив слова TJ, я решил вложиться в эту концепцию по полной, вместо того чтобы продолжать делать то же, что и все остальные.

Но как? Все остальные продавали групповые тренировки за 99 $ в месяц. Как я мог с этим конкурировать? Тогда я решил иначе взглянуть на то, что мы делали. Я подумал: чего они *на самом деле* хотят? Никому не нужен абонемент. Они хотят похудеть.

Шаг №1: Определи желаемый результат

Я слышал о программах похудения, поэтому решил начать с них.

Потеряй 20 фунтов (9 кг) за 6 недель.

Желаемый результат — потерять 20 фунтов (9 кг).

Сокращённая задержка по времени — 6 недель.

Примечание: я больше не продавал абонемент. Я не продавал перелёт. Я *продавал отпуск*. Когда ты думаешь о желаемом результате, это должно быть их прибытие в пункт назначения и то, что они хотят там *ощутить*.

Шаг №2: Составь список проблем

Затем я записал все трудности, с которыми сталкиваются люди, и их ограничивающие убеждения по этому поводу. Когда ты перечисляешь проблемы, подумай о том, что происходит сразу до и сразу после того, как кто-то воспользовался твоим продуктом или услугой. В чём им нужна будет помощь «дальше»? Всё это — это проблемы. Рассматривай их максимально детально. Если ты это сделаешь, твой оффер станет более ценным и убедительным, ведь ты будешь постоянно решать следующую проблему клиента, как только она возникает.

Давай составим список проблем с точки зрения потенциального клиента. Какие проблемы существуют для него? Мне нравится размышлять в порядке, в котором клиент сталкивается с этими трудностями. Опять же, проявляй предельную внимательность к деталям (чем больше проблем, тем лучше!)

Пример списка проблем: Похудение

Первое, что они должны сделать: Покупка здоровой еды, походы в магазин

1. Покупать здоровую еду сложно, непонятно, и мне это не понравится.

2. Покупка здоровой еды займёт слишком много времени.

3. Здоровая еда дорогая.

4. Я не смогу готовить здоровую еду постоянно. Потребности моей семьи будут мешать. Если я буду путешествовать, я не буду знать, что купить.

Следующее, что они должны сделать: *Приготовление здоровой еды*

1. Готовить здоровую еду сложно и непонятно. Мне это не понравится, и у меня будет плохо получаться.

2. Приготовление здоровой еды займёт слишком много времени.

3. Готовить здоровую еду дорого. Оно того не стоит.

4. Я не смогу покупать здоровую еду постоянно. Потребности моей семьи будут мешать. Если я буду путешествовать, я не знаю, как я буду готовить здоровую еду.

Следующее, что они должны сделать: *Есть здоровую еду*

1. И так далее...

Следующее, что они должны сделать: *Регулярно заниматься спортом*

1. И так далее...

Теперь мы свяжем всё это в единую картину. Каждая из вышеперечисленных проблем включает четыре негативных элемента. И, как ты уже догадался, каждая из них совпадает с четырьмя факторами ценности.

1. Желаемый результат → Это не будет оправдано с финансовой точки зрения.

2. Вероятность достижения → Это не сработает именно для меня. Я не смогу придерживаться этого. Внешние факторы будут мне мешать. (Это самый уникальный и зависящий от услуги тип проблем).

3. Усилия и жертвы → Это будет слишком сложно и непонятно. Мне это не понравится, и у меня будет плохо получаться.

4. Время → Это займёт слишком много времени. Я слишком занят, чтобы этим заниматься. Я буду долго ждать пока оно сработает. Мне это будет неудобно.

А теперь выпиши *все* проблемы, с которыми может столкнуться твой потенциальный клиент. Не ограничивай себя этими пунктами — они просто для того, чтобы запустить ход твоих мыслей. Если так проще, просто запиши всё, что приходит в голову.

Но, как видишь, здесь не просто четыре проблемы. У нас есть 16 основных проблем, каждая из которых имеет от двух до четырёх подпроблем. То есть от 32 до 64 проблем в сумме. Ух, неудивительно, что большинство людей не достигают своих целей. Не падай духом! Это самая лучшая новость. Чем больше проблем ты видишь, тем больше проблем ты можешь решить.

Подытожим: выпиши каждый основной шаг, который нужно сделать. А затем подумай обо всех причинах, почему человек не сможет это сделать или продолжить (используя четыре фактора ценности как подсказку).

Теперь перейдём к самому интересному: *превращению проблем в решения.*

Шаг №3: Составь список решений

Теперь, когда у нас есть желаемый результат и все препятствия, которые могут встать на пути, пришло время определить наши решения и записать их.

Создание списка решений состоит из двух этапов. Во-первых, мы преобразуем наши проблемы в решения. Во-вторых, мы дадим этим решениям названия. Вот и всё. Давай посмотрим на наш список проблем, составленный ранее. Всё, что мы сделаем — это просто превратим их в решения, задав себе вопрос: «*Что я должен показать человеку, чтобы решить эту проблему?*». Затем мы переведём каждый элемент препятствия на язык, ориентированный на решение. Это основа копирайтинга. Мы не будем вдаваться в подробности этой темы в книге, но достаточно просто добавить фразу «как», а затем преобразовать проблему, чтобы помочь большинству новичков начать двигаться в правильном направлении. Для наших целей мы создаём чек-лист того, что именно нам нужно сделать для наших потенциальных клиентов, и какие проблемы мы будем для них решать.

Как только у нас есть список решений, на следующем этапе мы конкретизируем, как *именно* будем решать эти проблемы (создавать ценность). И я хочу подчеркнуть: ты *решишь* каждую проблему. Мы разберём, как это сделать, в следующем шаге.

ПРОБЛЕМА → РЕШЕНИЕ

ПРОБЛЕМА: Покупка здоровой еды, поход за продуктами

. . . это сложно, непонятно, мне не понравится, я буду плохо с этим справляться → Как сделать покупку здоровой еды простой и приятной, чтобы это мог сделать каждый (особенно занятые мамы!)

. . . это занимает слишком много времени → Как покупать здоровую еду быстро

. . . это дорого → Как покупать здоровую еду дешевле, чем твои текущие траты на продукты

. . . это невозможно поддерживать долго → Как сделать так, чтобы покупка здоровой еды требовала меньше усилий, чем покупка нездоровой пищи

. . . это не мой приоритет. Потребности моей семьи будут мешать мне → Как покупать здоровую еду сразу и для себя, и для семьи

. . . это невозможно в путешествиях; я не буду знать, что купить → Как находить здоровую еду в путешествиях

ПРОБЛЕМА: Приготовление здоровой пищи

. . . это сложно, непонятно, мне не понравится, и я плохо с этим справлюсь → Как каждому получать удовольствие от приготовления здоровой еды

. . . это займёт слишком много времени → Как готовить менее чем за 5 минут

. . . это дорого, не стоит того → Почему здоровое питание на самом деле дешевле, чем нездоровое

. . . это невозможно поддерживать долго → Как сделать здоровое питание постоянной привычкой

. . . это не мой приоритет, потребности моей семьи будут мешать мне → Как готовить, несмотря на сомнения семьи

. . . это невозможно в путешествиях, я не буду знать, как готовить здоровую еду → Как путешествовать и при этом готовить здоровую пищу

ПРОБЛЕМА: Здоровое питание

. . . это сложно, непонятно, и мне не понравится → Как есть вкусную и полезную еду без сложностей

. . . и так далее

ПРОБЛЕМА: Регулярные тренировки

. . . это сложно, непонятно, и мне не понравится, и я буду делать всё плохо → Простая программа тренировок, которая нравится всем

. . . и так далее

OK. Это множество проблем (и множество интуитивных решений, благодаря дивергентному мышлению). Ты также заметишь, что многие из них повторяются. И это абсолютно нормально. Ценностные факторы — это четыре основные причины. Все наши проблемы всегда связаны с этими факторами, а наши решения дают необходимый ответ потенциальному клиенту, зачем совершить покупку. И что ещё безумнее: если хотя бы одна из этих потребностей не учитывается в решении, то это может заставить человека отказаться от покупки. Ты удивишься, узнав, по каким причинам люди не покупают. Поэтому не ограничивай себя.

Моя подруга Брук Кастильо управляет крупным бизнесом в сфере лайф-коучинга. Чтобы показать тебе другой подход к списку «проблемы-решения», Брук прислала мне свой список, когда работала над созданием Оффера Большого Шлема для 90-дневного курса по отношениям. Посмотри на этот процесс под совершенно другим углом. Главный вывод: не усложняй. Просто выпиши все проблемы, а потом переведи их в решения.

Независимо от того, какой оффер ты создаешь — фитнес-курс (как в примере), курс по отношениям (как у Брук) или что-то совершенно другое (например, лечение ушной боли) — теперь мы знаем, что нужно делать. Шаг четвёртый — это как это сделать и при этом не разориться.

БЕСПЛАТНЫЙ ПОДАРОК #5: БОНУСНЫЙ УРОК — СОЗДАНИЕ ОФФЕРА, ЧАСТЬ 1

Если ты хочешь пройти весь процесс вместе со мной, зайди на **Acquisition.com/training/offers**, выбери **«Создание оффера, Часть 1»** и посмотри короткое видео. Как всегда, это абсолютно бесплатно. Я также подготовил для тебя **Бесплатный чек-лист по созданию оффера**, который ты можешь использовать прямо сейчас в своём бизнесе. Если тебе не хочется вводить ссылку вручную, просто отсканируй QR-код. Всё абсолютно бесплатно. Наслаждайся!

ЖЕЛАЕМЫЙ РЕЗУЛЬТАТ → ПОТРЯСАЮЩИЕ, ОТНОШЕНИЯ, НАПОЛНЕННЫЕ ЛЮБОВЬЮ ЗА 90 ДНЕЙ.

ПРОБЛЕМЫ → НЕТ ПОДХОДЯЩИХ ВАРИАНТОВ

НЕ ПРИВЛЕКАТЕЛЬНЫЙ(АЯ)

НЕДОСТУПНЫЙ(АЯ)

СКУЧНЫЙ(АЯ)

НЕТ ХИМИИ

ПЛОХАЯ КОММУНИКАЦИЯ

НЕДОСТАТОЧНО "ГОРЯЧИЙ(АЯ)"

ПЛОХОЙ СЕКС

НЕТ ИНТЕЛЛЕКТУАЛЬНОЙ СТИМУЛЯЦИИ

НЕДОСТАТОЧНО УСИЛИЙ ВКЛАДЫВАЕТСЯ В ОТНОШЕНИЯ

НЕТ ВРЕМЕНИ

НЕУВЕРЕННОСТЬ В СЕБЕ

«ПОТРЕБНОСТИ» НЕ УДОВЛЕТВОРЯЮТСЯ

СЛИШКОМ МНОГО НЕСБЫВШИХСЯ ОЖИДАНИЙ

ВЕДЁТ СЕБЯ БЕЗУМНО, СЛИШКОМ ЭМОЦИОНАЛЬНО

ОТНОШЕНИЯ СКУЧНЫЕ

ХОТИМ РАЗНОГО

НЕ УМЕЕМ СТРОИТЬ ОТНОШЕНИЯ

СЛИШКОМ МНОГО ДАВЛЕНИЯ

ВСЁ СЛИШКОМ МЕДЛЕННО

БЫСТРО УГАСАЕТ

ВОВЛЕЧЕНЫ ДЕТИ

НЕСОВМЕСТИМОСТЬ В СЕКСЕ

СПИСОК РЕШЕНИЙ →

КАК СОСТАВИТЬ СПИСОК ПОТЕНЦИАЛЬНЫХ ПАРТНЁРОВ, ЧТОБЫ ПРИГЛАСИТЬ ИХ НА 90-ДНЕВНЫЙ КУРС?

КАК БЫТЬ ПРИВЛЕКАТЕЛЬНЫМ ДЛЯ СВОЕГО ПАРТНЁРА?

КАК НАЙТИ ДОСТУПНОГО ПАРТНЁРА?

КАК СДЕЛАТЬ СВОИ 90 ДНЕЙ УВЛЕКАТЕЛЬНЫМИ И НЕСКУЧНЫМИ?

КАК СОЗДАТЬ «ХИМИЮ», КОТОРОЙ НИКОГДА У ТЕБЯ НЕ БЫЛО?

КАК ОБЩАТЬСЯ СЕКСУАЛЬНО, ВЕСЕЛО И ОСМЫСЛЕННО?

КАК СДЕЛАТЬ ОТНОШЕНИЯ ГОРЯЧИМИ, БУДУЧИ «ГОРЯЧИМ»?

КАК ПОЛУЧИТЬ ОТЛИЧНЫЙ СЕКС НА ПРОТЯЖЕНИИ 90 ДНЕЙ?

КАК СОЗДАТЬ ИНТЕЛЛЕКТУАЛЬНУЮ СТИМУЛЯЦИЮ?

КАК ВКЛАДЫВАТЬСЯ В ОТНОШЕНИЯ, ЧТОБЫ ПОЛУЧИТЬ МАКСИМУМ ОТДАЧИ?

КАК ВКЛАДЫВАТЬСЯ В ОТНОШЕНИЯ, ЧТОБЫ ПОЛУЧИТЬ МАКСИМУМ ОТДАЧИ?

КАК ОРГАНИЗОВАТЬ ЧАСТЫЕ «ДОФАМИНОВЫЕ» ВСПЛЕСКИ?

КАК ПРЕОДОЛЕТЬ ВСЮ НЕУВЕРЕННОСТЬ В СЕБЕ В РАМКАХ 90-ДНЕВНЫХ ОТНОШЕНИЙ?

Ценностный Оффер:
Создание Твоего Оффера Большого Шлема
Часть II: Упрощай и Добавляй

«Режъ! Режъ! Режъ!»

- кричали друзья Рейчел Грин из сериала «Друзья»

Я разделил эту главу на две части, потому что это самая объемная и важная часть книги. Без ценного продукта или услуги остальная информация из книги не будет так полезна. Мы только что разобрали все проблемы, которые собираемся решить. Вторая часть создания твоего оффера — это тактический разбор того, что конкретно мы будем делать или предоставлять нашему клиенту. Теоретически, конечно, было бы здорово прилететь к клиенту и буквально жить с ним, пока мы решаем его проблемы. В реальности такой бизнес будет не очень масштабируемым. Нам нужно, чтобы наш оффер был невероятно привлекательным *и* прибыльным.

Тем не менее, если это твой первый Оффер Большого Шлема, важно переплюнуть ожидания клиента. Возможно, на первых порах идея лично прилететь к клиенту не так уж и плоха. Сделай несколько продаж, а потом подумай, как можно облегчить процесс для твоих клиентов. Ты хочешь, чтобы они думали: «Я получаю всё это за такие деньги?» По сути, ты хочешь, чтобы они ощутили *огромную ценность*.

Все предпочитают выгодные сделки. Кто-то покупает вещи стоимостью 100 000 $ всего за 10 000 $. Именно в этом сегменте мы хотим работать: высокие цены, но за полученную ценность *сделка выгодная* (как, надеюсь, и эта книга).

Баланс между продажей и выполнением

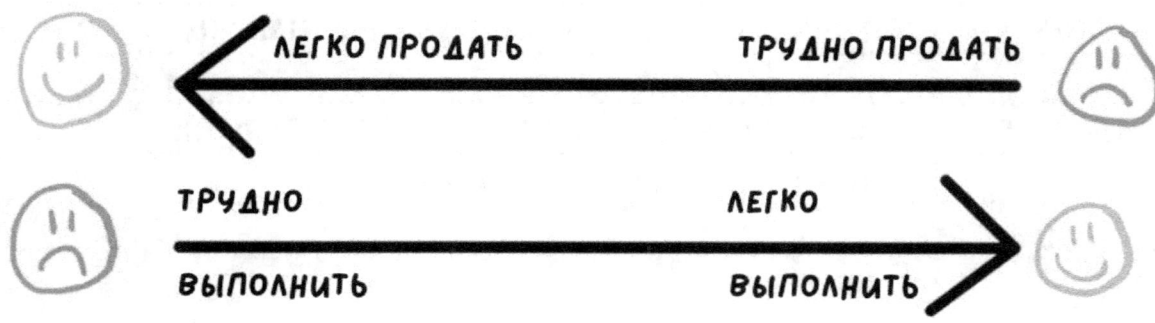

Чтобы лучше усвоить понятия «упрощай» и «добавляй», нужно перестроить мышление. Давай поговорим о балансе между продажей и выполнением.

Каждый раз, когда ты строишь бизнес, ты балансируешь между тем, насколько легко выполнить свою услугу, и тем, насколько легко её продать. Если ты сокращаешь объём работы, которую нужно выполнить, то это увеличивает сложность продажи твоего продукта или услуги. Если ты берёшь на себя максимум задач, то продавать продукт или услугу проще, но выполнение их становится тяжелее, так как это потребует больших затрат времени. Хитрость и конечная цель — найти ту самую «золотую середину», где ты отлично продаёшь продукт или услугу и это легко выполнить.

Я всегда придерживаюсь мантры: «Создай поток. Монетизируй поток. Потом добавь сложности». Это значит, что *сначала* я создаю спрос. Затем, с помощью своего оффера, я добиваюсь того, чтобы люди сказали «да», и только после этого, я добавляю элементы сложности в маркетинг или решаю предложить *меньше* за ту же цену.

Этот подход основывается на практичности. Если у тебя не получается создать поток спроса, то ты не знаешь, что твой продукт хорош. Я предпочёл бы делать больше для каждого клиента и получать стабильный денежный поток, чем оптимизировать бизнес, не имея притока денег (и не зная, что именно нужно изменить, чтобы лучше обслуживать моих клиентов).

Вот идеальный пример, чтобы объяснить это на практике. Когда я начинал **Gym Launch**, владельцы залов обращались ко мне за помощью. Им нужно было так много помощи, что я даже не знал, с чего начать. Но я хотел быть уверенным, что они получили гораздо больше, чем заплатили. И вот что я в итоге делал, чтобы заполнить их тренажерные залы: я прилетал к ним на 21 день, тратил свои деньги на отели, аренду машин, питание, рекламу, генерацию лидов, работу с этими лидами, а затем сам продавал для них. Я даже проводил первое вводное собрание с их клиентами, чтобы помочь им начать. Короче говоря, я делал *всё*. Я брал на себя весь риск.

Им нужно было всего лишь внести депозит в размере 500 $, чтобы "забронировать" дату, и который я возвращал в конце их запуска. То есть они не несли никакого финансового риска, не тратили время, не прилагали никаких усилий, а условия сделки были такими: я оставлял себе все деньги, полученные от продажи их услуг в начале, а они бесплатно получали новых клиентов. Ты можешь представить, насколько это было привлекательным эффером.

Я мог продавать на сумму около 100 000 $ в месяц авансовых платежей. Такие сделки были очень выгодными для меня. Со временем я масштабировал это до команды из восьми человек, которые продавали каждый месяц. Но это стало выматывать и меня, и команду. В тот момент я понял, что если я просто научу их делать то, что делал я, то я мог бы брать за это треть от того, что зарабатывал обычно, но при этом помогал бы сотням залов в месяц вместо восьми. И всё это я мог бы делать, находясь в собственной кровати каждую ночь.

Моё обещание оставалось неизменным: я заполню ваш тренажерный зал клиентами за 30 дней. Изменились только: *как* и *что я делал*. И именно эти, *как* и *что* мы сейчас разбираем.

Когда я обсуждаю с владельцами бизнеса их модель, я советую им на начальном этапе просто перевыполнить все ожидания, чтобы создать денежный поток. Затем использовать эти деньги для улучшения процессов и повышения эффективности бизнеса. Этот процесс пересмотра может быть довольно плавным. Возможно, тебе даже не придётся менять свой оффер. В итоге, возможно, ты просто создашь системы, которые будут создавать клиентам ту же ценность, но потребуют значительно меньше ресурсов.

В конечном итоге именно так одни компании побеждают другие. Понимание этого будет важно, когда ты начнёшь масштабировать свой бизнес.

Теперь, когда мы определили важность точки опоры и то, как подходить к балансу между продажей и выполнением на начальном этапе, давай перейдём к последним двум шагам создания нашего Оффера Большого Шлема. Кратко напомню, что мы уже обсудили определение желаемых результатов (первый шаг), составление списка проблем (второй шаг) и определение решений (третий шаг).

Шаг №4: Создай способы предоставления решений («Как»)

Следующий шаг — подумать обо всём, что ты можешь *сделать*, чтобы решить каждую из найденных проблем. Это самый важный шаг в этом процессе. Это то, что ты будешь *предоставлять*. То, что ты будешь делать или предлагать в обмен на деньги.

Чтобы сохранить высокий уровень креативности (дивергентного мышления), подумай *обо всем, что ты можешь сделать*. Подумай о том, что может повысить ценность твоего оффера. Настолько, что было бы глупо отказаться.

Что ты можешь сделать такого, чтобы человек сразу сказал: «Всё это? Серьёзно? Я в деле!»

Выполнение этого упражнения сделает твой процесс продаж гораздо легче.

Даже если ты придумаешь что-то, что на самом деле не готов делать, это нормально. Цель — расширить свои границы и заставить мозг подумать о другом варианте решения, помимо тех, к которым ты привык. Здесь ты можешь проявить всю свою предпринимательскую креативность.

Напоминание: ты должен сделать это только *один раз*. Буквально *один раз* для продукта, который может служить годами. Это высокоценная и высокоэффективная работа. В конце концов ты получаешь деньги за умение *думать*. У тебя всё получится. Это должно быть прикольно. Прямо сейчас составь список всех возможных вариантов. Затем я покажу тебе мой пример. Для демонстрации я приведу проблему с покупкой продуктов. Я люблю группировать варианты по числу людей, которым я собираюсь предоставить это решение одновременно.

Вот мой список. А в конце я поделюсь своими «секретными фишками», которые помогают мне мыслить ещё креативнее.

Проблема: Покупать здоровую еду сложно, непонятно, и мне это не понравится

Если бы я хотел предложить индивидуальное решение, я мог бы:

a) Лично сопровождать клиента в магазин и учить его, как покупать.

b) Создавать индивидуальный список покупок и учить, как его составлять.

c) Делать покупки вместо клиента — полный сервис, где всё 100% сделано за него.

d) Проводить индивидуальный инструктаж (не в магазине), где я рассказываю, что именно нужно покупать.

e) Оказывать поддержку текстовыми сообщениями во время покупок, помогая, если клиент сталкивается с трудностями.

f) Проводить телефонные созвоны, планируя звонки во время покупок, чтобы давать инструкции и поддержку.

Если бы я хотел предложить решение для небольшой группы, я мог бы:

a) Лично сопровождать группу людей в магазин и показывать им, как делать покупки.

b) Учить группу людей составлять персональные списки покупок для планирования еженедельных закупок. Это можно делать разово или каждую неделю.

c) Покупать продукты вместо них: закупаться и доставлять продукты им.

d) Проводить очный инструктаж для небольшой группы на отдельной площадке (не в магазине).

Если бы я хотел предложить решение для широкой аудитории, я мог бы:

a) Провести виртуальную экскурсию по магазину в прямом эфире, показывая свои покупки для всех новых клиентов и отвечая на их вопросы в режиме реального времени.

b) Записать экскурсию по магазину, сделав покупки один раз, а затем предоставить запись клиентам, чтобы они могли её пересматривать самостоятельно.

c) Создать калькулятор для составления списка покупок самостоятельно, которым можно поделиться или обучить их пользоваться таким инструментом.

d) Заранее составленные списки, где для каждого клиента составлен список покупок на каждую неделю. Я мог бы подготовить их заранее, чтобы клиенты могли использовать их в удобное для них время.

e) Система «покупатель-напарник», где я мог бы объединить клиентов в пары, чтобы они делали покупки вместе. Это практически не требует времени.

f) Готовые корзины для доставки, где я заранее создаю списки для доставки через InstaCart, и клиенты могут получить свои продукты прямо на порог дома в один клик.

Как видишь, этот список можно продолжать бесконечно. Это лишь пример множества способов решения *одной единственной* проблемы.

Теперь проделай то же самое для *всех* ожидаемых проблем, с которыми клиенты могут столкнуть до, во время и после взаимодействия с твоими продуктами или услугами. В итоге у тебя должен получиться огромный список.

Секретные фишки для предоставления продукта

Что это такое? Трудно быть креативным? Сейчас я дам тебе секретные фишки, как в примере с кирпичом: «кирпич может быть золотым, пластиковым, с отверстиями, как у лего и т. д.». Вот мои «секретные фишки» для изменения/улучшения продукта и наглядное представление составляющих процесса из моей презентации по консалтингу:

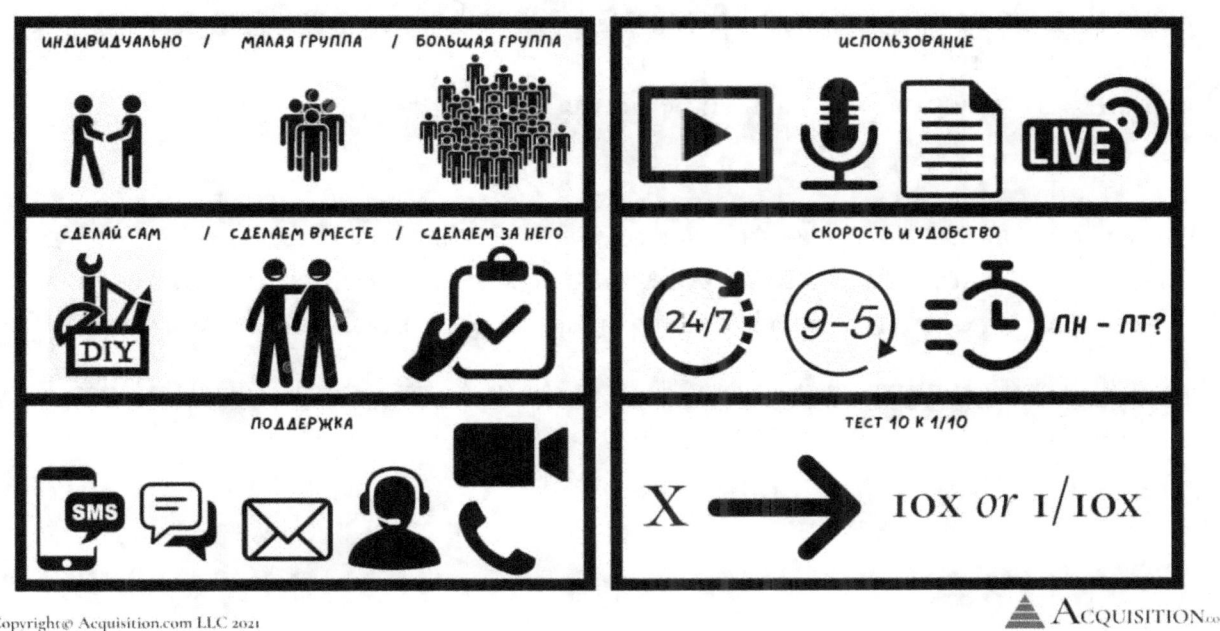

a) **Какой уровень персонального внимания я хочу предоставить?** Индивидуально, малой группе или большому количеству людей.

b) **Какой уровень усилий ожидается от клиента?** Сделай сам (DIY): клиент сам разбирается, как это сделать. Сделаем вместе (DWY): ты учишь клиента, как это сделать. Сделаем за него (DFY): ты полностью делаешь это за клиента.

c) **Если я делаю что-то в реальном времени, то где или через какой канал я хочу это предоставить?** Личная встреча, по телефону, через email, с помощью текстовых сообщений, через Zoom или чат.

d) **Если это запись, то в каком формате я хочу, чтобы клиент её использовал?** Аудио, видео или текст.

e) **С какой скоростью я хочу отвечать?** В какие дни? В какое время? 24/7, с 9 до 17, в течение 5 минут, в течение часа, в течение 24 часов?

f) **Тест 10 к 1/10.** Если бы мои клиенты заплатили мне в 10 раз больше моей цены (то есть 100 000 $), что бы я предоставил? Если бы они заплатили мне в 10 раз меньше моей цены, и я должен был сделать мой продукт ещё более ценным, чем сейчас, то как бы я это сделал? Как бы я всё-таки мог сделать их успешными за 1/10 цены? Подумай об этом в различных направлениях, и ты найдёшь совершенно разные решения.

Другими словами, как именно я могу *предоставить* те решения, о которых я заявляю? Сделай это для каждой проблемы, потому что решения одной проблемы дадут тебе идеи для других проблем, которые ты обычно бы не рассматривал.

Помни: важно решить *каждую* проблему. Я не могу сказать, сколько раз один-единственный элемент становится причиной отказа от покупки.

Анекдот: Почему важно решать каждую ожидаемую проблему клиента

Когда я занимался продажей программ похудения, я настаивал, чтобы клиенты готовили всю еду дома. Мне было слишком сложно помогать людям худеть, если они питались в ресторанах, потому что это постоянно срывало их диету. Вместо того чтобы решить эту проблему, я настаивал: либо по моим правилам, либо никак. В результате я потерял множество продаж.

Однажды мне срочно понадобились деньги, чтобы заплатить за квартиру. Следующей моей клиенткой, которая пришла ко мне, оказалась бизнес-леди, которая хотела похудеть. Во время презентации программы она сказала, что моя методика ей не подойдёт, потому что она обедает в ресторанах каждый день. Обычно я бы упустил эту сделку, потому что всегда был категоричен: *никаких* походов в рестораны. Но тогда я очень *нуждался* в деньгах. Не желая терять клиента из-за одного *единственного момента*, я пошёл на уступку: «Я сделаю для вас руководство по питанию в ресторанах, чтобы вы могли питаться вне дома на 100% и при этом достичь своей цели. Как вам такой вариант?» Она согласилась, и я закрыл продажу.

Я потратил время на то, чтобы подготовить для неё это руководство. С тех пор, когда кто-то говорил: «А что делать, если я ем вне дома?» — у меня уже было готовое решение. Со временем я начал устранять все препятствия для продаж, создавая шаблоны и обучающие материалы, пока не осталось ни одной «*мелочи*», которая могла бы помешать моим продажам. Этот урок остался со мной на всю жизнь: не нужно быть слишком привязанным к тому, *как* именно ты хочешь решить проблему. Ищи способ решить любую проблему, с которой приходит потенциальный клиент. Когда ты это сделаешь, твой оффер станет настолько сильным, что от него просто невозможно будет отказаться. Именно это мы здесь и создаём.

Примечание: чтобы привлечь максимальное количество клиентов, необходимо устранять каждое препятствие, которое они считают важным. Это не значит, что, если ты это не сделаешь, у тебя вообще ничего не купят. Вовсе нет. Но ты *не продашь так много, как мог бы*. А в этом и есть цель — продать максимальному числу людей, по максимально возможной цене и с максимально возможной прибылью.

Шаг №5: Упрощай и добавляй

Теперь, когда мы перечислили все возможные решения, у нас получился огромный список. Далее я смотрю на себестоимость предоставления этих решений для меня (бизнеса). В первую очередь я исключаю те, которые имеют высокую себестоимость и низкую ценность. Затем убираю варианты с низкой себестоимостью и низкой ценностью.

Если ты не уверен в том, что именно является «высокой ценностью», пройдись по уравнению ценности и спроси себя, что из перечисленного необходимо этому человеку:

1. Финансовая выгода

2. Убеждение в том, что он, скорее всего, добьётся успеха

3. Ощущение, что он сможет сделать это с гораздо меньшими усилиями и жертвами

4. Помощь в достижении поставленной цели с гораздо меньшими затратами времени.

В итоге должны остаться только те офферы, которые имеют: 1) низкую себестоимость и высокую ценность; 2) высокую себестоимость и высокую ценность.

Пример. Допустим, я переехал жить к кому-то и стал делать его покупки, тренировки с ним и приготовление еды. Скорее всего, этот человек будет уверен, что он точно сбросит вес. Но я не готов делать это ни за какие деньги, разве что за «все деньги мира».

Следующий вопрос: можно ли создать упрощённую версию этого опыта, которую я смогу предоставлять в масштабе?

Просто шаг за шагом упрощай, пока не придёшь к чему-то, что требует времени или затрат, с которыми ты готов мириться (или, конечно, поднимай цену так, чтобы это было стоящим для тебя — например, те самые «все деньги мира» за переезд к клиенту).

Если стоит сосредоточиться на каком-то *одном* формате предоставления решения, то это создание высокоценных решений для широкой аудитории. Они обычно имеют максимальную разницу между затратами и ценностью. Например, до того как я открыл свой первый тренажерный зал, у меня был онлайн-бизнес по тренировкам. Я создал простую программу в Excel, которая автоматически, на основе введённых данных о целях человека, формировала более 100 блюд с идеально рассчитанными микроэлементами и калорийностью. Более того, в зависимости от выбранных блюд программа указывала, что нужно купить в магазине, в каком количестве, *и* как готовить эти блюда заранее, чтобы всё соответствовало заданным нормам. У меня ушло примерно 100 часов на то, чтобы всё это разработать. Но потом я продавал действительно индивидуальные планы питания за очень высокую цену, а их составление занимало у меня всего 15 минут. Высокая ценность. Низкие затраты.

Такие типы решений требуют больших разовых затрат на создание, но минимальных дополнительных усилий впоследствии. (Кстати, именно поэтому программное обеспечение становится таким ценным.)

Это не значит, что тебе никогда не стоит работать с небольшими группами или индивидуально. В конце концов, я лично работаю один на один со всеми генеральными директорами компаний моих клиентов, которым мы помогаем масштабироваться, превысить 30 млн долларов. Просто ты должен убедиться, что ты оставляешь такие затратные варианты для действительно *значимых* увеличений ценности для клиента. Если ты можешь достичь той же ценности с помощью менее затратного решения, выбирай его.

Когда я управлял своим тренажерным залом, с помощью моего упражнения я создал: схемы по набору массы, систему питания вне дома, гайд по питанию и тренировкам в путешествиях, планы питания для любого веса и пола, калькулятор продуктового списка, программы питания для преодоления плато (когда прогресс останавливался), гайд по быстрой готовке, сотрудничество с сервисами доставки продуктов по этому гайду, а также проводил очные консультации по питанию для каждого клиента.

Многие решения для широкой аудитории требуют значительных усилий на старте. Однако, как только они созданы, они превращаются в ценные активы, которые приносят ценность на протяжении многих лет. Потраченное время того стоит, так как эти активы обеспечивают высокий уровень рентабельности в течение многих лет.

Честно говоря, планы питания, которые я разработал для своего тренажерного зала, уже использовали более 4 000 залов и буквально сотни тысяч людей. Эти планы просты и легко выполнимы. Поэтому потраченные на их создание неделя или две, принесли достаточную отдачу.

Если ты хочешь построить бизнес с повторяемой бизнес-моделью, которую можно масштабировать, то эти созданные активы станут основой. Например, эта книга — это актив с высокой ценностью, который в целом не требует больших затрат. Конечно, она обошлась мне недешево в начале, но каждый следующий проданный экземпляр обходится мне минимальными затратами, обеспечивая при этом огромную ценность.

Финальный продукт с высокой ценностью

Давай подведём итог, прежде чем мы настроим наш финальный продукт с высокой ценностью.

Шаг #1: Мы определили желаемый результат для нашего потенциального клиента.

Шаг #2: Мы перечислили все препятствия, с которыми он, скорее всего, столкнется на своём пути (наши возможности для создания ценности).

Шаг #3: Мы преобразовали эти препятствия в решения.

Шаг #4: Мы выяснили все возможные способы предоставления этих решений.

Шаг #5a: Мы сократили количество способов, оставив только те, которые имеют наибольшую ценность для клиента и минимальную себестоимость для нас.

Теперь нам остаётся только…

Шаг #5b: Объединить все эти элементы в финальный продукт с максимальной ценностью.

Вернёмся к примеру. Мы видим, что наши потенциальные клиенты сталкивались со следующими трудностями:

Примечание по формату

Я покажу каждую пару «проблема-решение» в следующем формате:

Проблема → Формулировка решения → Более привлекательное название для комплекта.

А ниже ты увидишь фактический способ предоставления (что именно мы для них сделаем/предоставим).

Покупка продуктов → Как купить продукты быстро, легко и недорого → Идеальная система выгодных покупок ... которая сэкономит сотни долларов в месяц на продуктах и займёт меньше времени, чем твои текущие походы в магазин (ценность 1 000 $ за деньги, которые она сэкономит, начиная с момента её использования).

a) Индивидуальная консультация по питанию, где я объясню, как пользоваться...

b) Записанный видео-тур покупки продуктов в магазине.

c) Калькулятор для составления списка покупок самостоятельно.

d) Каждый план питания включает готовый список покупок на каждую неделю.

e) Тренинг по выгодным закупкам продуктов.

f) Система «покупатель-напарник».

g) Готовые корзины продуктов с доставкой через InstaCart.

h) Еженедельная проверка через текстовые сообщения.

Приготовление еды → Готово за 5 минут — руководство по быстрому питанию для занятых родителей … как любой человек может питаться правильно, даже если у него совсем нет времени (ценность 600 $, ведь ты получишь обратно 200 часов в год — это целый месяц работы!).

a) Индивидуальная консультация по питанию, где я объясню, как пользоваться...

b) Инструкции по приготовлению еды.

c) Калькулятор для самостоятельного приготовления блюд.

d) Каждый план включает пошаговые инструкции для приготовления на каждую неделю.

e) Система "Кулинарный напарник".

f) Руководство: полезные перекусы за 5 минут.

g) Еженедельный пост, который они делают, чтобы отметить меня для обратной связи.

Питание → Индивидуальный план питания «Пальчики оближешь» … настолько вкусно, что соблюдать его будет легче, чем есть привычные «запрещённые» блюда, и обойдётся это дешевле! (ценность — 500 $).

a) Индивидуальная консультация по питанию, где я объясню, как пользоваться...

b) Индивидуальный план питания.

c) Руководство по приготовлению утренних смузи за 5 минут.

d) Бюджетные обеды за 5 минут.

e) Бюджетные ужины за 5 минут.

f) Блюда для всей семьи.

g) Ежедневная отправка фотографий блюд.

h) Индивидуальная встреча для обратной связи и корректировки плана (и допродаж).

Тренировки → Жиросжигающие тренировки, которые гарантированно сжигают больше жира, чем самостоятельные занятия … адаптированные под твои потребности, чтобы ты никогда не перетренировался, не застрял на месте и не рисковал травмами (ценность — 699 $).

Путешествия → Обалденный план питания и тренировок для тонуса в путешествиях...позволяющий проводить потрясающие тренировки без оборудования, чтобы ты не чувствовал вины за удовольствие от путешествия (ценность — 199 $).

Как придерживаться плана → Система мотивации «Никогда не сдавайся» ...непробиваемая система, которая работает даже без твоего согласия (она заставила приходить в тренажерный зал даже тех, кто его терпеть не мог, и с нетерпением ждать следующего занятия) (ценность — 1 000 $).

Как быть социальным → Система «Живи на полную, худей легко» … дающая свободу ходить в рестораны и наслаждаться жизнью, не чувствуя себя «белой вороной» (ценность — 349 $).

Общая ценность: 4 351 $ (!) И всё это всего за 599 $.

> **Примечание от автора**
> Сейчас большинство наших тренажерных залов продают этот пакет на более длительные периоды по цене от 2 400 $ до 5 200 $. Дико, правда? С улучшением наших навыков в создании и монетизации ценности, цены и прибыль наших тренажерных залов взлетели. Как только ты начинаешь процесс создания ценности, каждый дополнительный элемент ценности со временем накладывается друг на друга. Вот почему так важно начать это делать.

Ты видишь, насколько это ценнее обычного абонемента в тренажерный зал? Этот пакет выполняет три ключевые задачи:

1. Решает *все* ожидаемые проблемы (а не только некоторые).

2. Даёт тебе уверенность в том, что ты продаёшь что-то уникальное (это очень важно).

3. Делает невозможным сравнение или путаницу между твоим оффером и оффером конкурента.

Фух! У нас наконец есть чёткое представление о том, что мы будем предоставлять, во всей красе. Однако, маловероятно, что мы будем презентовать это именно так. В зависимости от того, продаём ли мы индивидуально или на широкую аудиторию, мы будем представлять это по-разному. Как это сделать, я расскажу в разделе о бонусах (следующий раздел).

Основные выводы

Мы прошли через весь этот процесс с одной целью: создать ценностный оффер, который отличается и не имеет аналогов на рынке. Мы продаём что-то уникальное. Благодаря этому нас больше не сдерживают обычные рыночные законы ценообразования и конкуренции. Теперь наши потенциальные клиенты принимают решение о покупке у нас на *основе ценности*, а не *цены*. Ура!

Теперь, когда у нас есть основной оффер, следующая часть будет посвящена его *усилению*. Мы задействуем комбинацию психологических факторов: бонусы, срочность, дефицит, гарантии и правильные названия.

БЕСПЛАТНЫЙ ПОДАРОК #6: БОНУСНЫЙ УРОК — СОЗДАНИЕ ОФФЕРА, ЧАСТЬ 2

Если ты хочешь пройти со мной весь процесс максимального увеличения прибыли с помощью упрощения и добавления в реальном времени, переходи на сайт **Acquisition.com/training/offers** и выбери **«Создание оффера, часть 2»**. Там ты также найдёшь чек-листы, которые я подготовил, чтобы упростить этот процесс для тебя, и которые ты сможешь использовать снова и снова для каждого нового продукта. Если не хочешь набирать текст, просто отсканируй QR-код. Как всегда, это абсолютно бесплатно. Наслаждайся!

УЛУЧШЕНИЕ ТВОЕГО ОФФЕРА

Дефицит, Срочность, Бонусы, Гарантии и Название

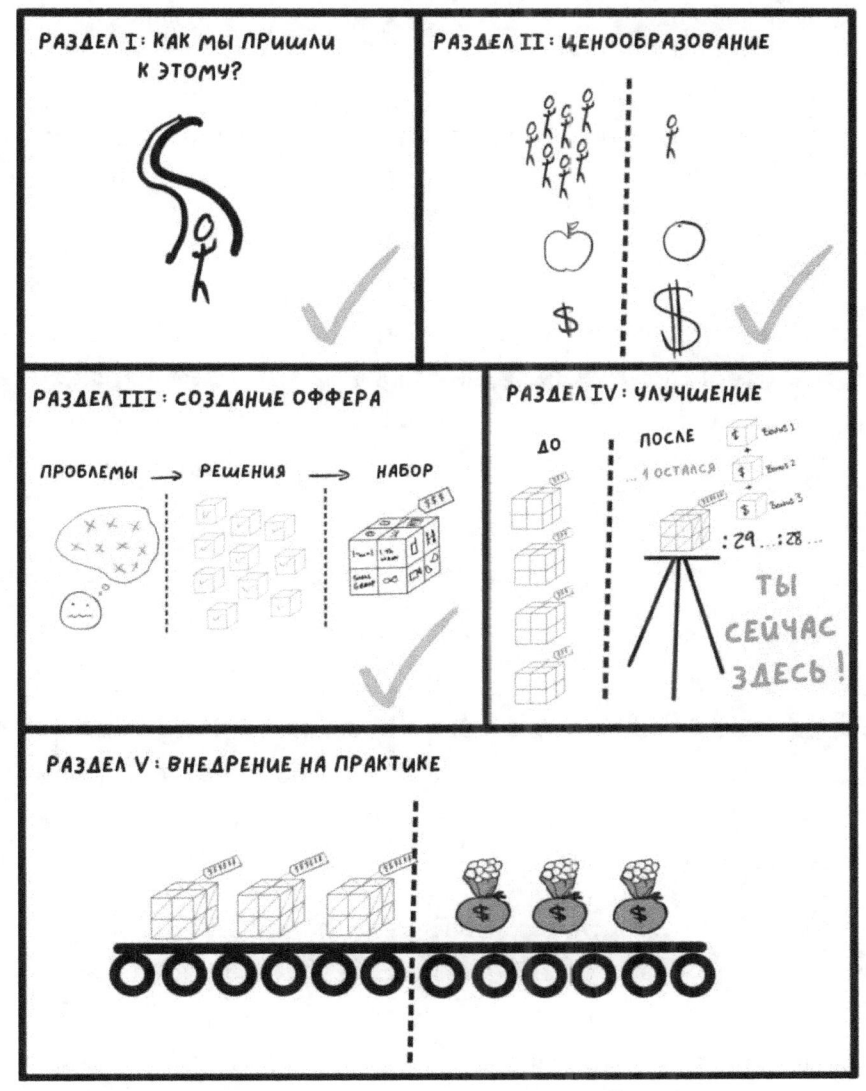

Улучшение Оффера:
Дефицит, Срочность, Бонусы, Гарантии и Название

«Но это ещё не всё… Закажи сегодня, и…»

- все рекламные ролики 90-х

Май 2019 года. Дом Арнольда Шварценеггера. Благотворительный вечер некоммерческой организации «ASAS», предоставляющая бесплатные программы продленного дня детям из семей с низким доходом.

Очередь машин возле дома Арнольда тянулась за угол… и мы были в одной из них. Мы сидели в нашем Uber, когда в окно водителя постучал охранник в наушнике, черном костюме и черных очках. Это было как сцена из фильма.

Водитель опустил окно. «Имя?»

«Алекс и Лейла Хормози».

Он пробежался взглядом по списку на планшете, кивнул, затем поставил галочку напротив наших имен. «Отлично, — сказал он. Его выражение сменилось с серьезного на приветливое. — «Добро пожаловать на мероприятие. Оставайтесь в этой очереди. Через несколько метров поверните налево, а дальше вас сопроводит охрана».

Охранник что-то сказал в рацию следующему посту, сигнализируя, что наша машина была одобрена.

Подъезжая ко входу в особняк, казалось, что мы попали в фильм о Бонде. Lamborghini, Bugatti, Ferrari и другие марки машин, настолько дорогие, что о них даже говорить неудобно. Старики с молоденькими девушками в откровенных нарядах. Актёры первого эшелона. Знаменитости с миллионами подписчиков, которые снимали себя по пути, общаясь со своей аудиторией через iPhone. И мы.

Билет на этот благотворительный вечер стоил 25 000 $ с человека, и приглашение получили всего 100 человек. Была красная дорожка, и всё как полагается. Каждый год это мероприятие заканчивалось большим аукционом, на котором продавались памятные вещи и подарки, которые предоставили присутствующие бизнесмены, чтобы собрать деньги на благотворительность.

Мы прогуливались по развлекательным зонам, которые специально организовали, чтобы настроить гостей на «щедрость». Мы видели виски за

10 000 $… сигары за 500 $… предварительно выпущенные товары известных брендов, которые поступят в продажу только через несколько месяцев. Ну и, конечно, самые дорогие блюда, которые только можно себе представить. Лейла и я просто впитывали всю эту роскошь. Это был потрясающий вечер. Мы действительно чувствовали себя крутыми.

Бен, генеральный директор благотворительной организации, заметил, что мы немного растеряны, и подошел к нам. Он взял меня под руку, чтобы представить другим меценатами. Это были мужчины, старше меня, которые перечисляли 100 000 $ и больше, даже не раздумывая.

Человек, которому он нас представил, был одним из крупнейших меценатов фонда. Он построил сверхлюксовый бизнес по производству ювелирных украшений и часов. Речь шла о товарах за 100 000 $, 500 000 $, 2 000 000 $ и более — редкие статусные символы, которые покупают только те, кто принадлежит к 0,001% самых богатых людей. В этот вечер он пожертвовал украшений и часов на сумму более 700 000 $ в качестве призов для благотворительного вечера.

«Алекс и Лейла, познакомьтесь, это Джордж,» — сказал Бен. «Он очень щедро жертвует своё время и деньги на это дело. Джордж, это Алекс и Лейла Хормози. Сегодня вечером они пожертвуют 1 000 000 $ в фонд ASAS. Я подумал, что вы оба хорошие люди, и решил вас познакомить».

«Рад познакомиться с вами», — сказал Джордж спокойным, но твердым голосом, с усталыми глазами. Ему было под семьдесят, высокий и крепко сложенный. В его акценте чувствовалось происхождение из Восточной Европы. Он выглядел как человек, который пробился сюда, сражаясь изо всех сил, но смягчил свою манеру поведения для мероприятий вроде этого. Однако тигр с клыками и когтями оставался где-то под маской, готовый выйти на первый план в любой момент. Мне казалось, что я понимаю этого человека.

Бен разрядил обстановку: «Так вот… Джордж — это тот человек, который убедил меня поднять цену с 15 000 $ за билет до 25 000 $. В этом году у нас был рекордный спрос. Но я последовал его совету. Я сократил количество продаваемых билетов *и* поднял цены».

«Правильно», — сказал Джордж, довольный тем, что его мудрый бизнес-совет был учтён. «Когда спрос растёт, нужно сокращать предложение». Он оживился, когда мы начали говорить о деньгах.

Этот человек построил бизнес с нуля и нашёл способы продавать товары с невероятной прибылью, используя свои знания в области психологии. Я уже давно знал о законах спроса и предложения, но этот человек применял их психологические основы для благотворительного сбора денег. Можно вытащить тигра из джунглей, но джунгли из тигра — никогда.

Люди хотят то, чего они не могут иметь. Люди хотят то, что хотят другие. Люди хотят то, к чему имеют доступ лишь избранные. Джордж был абсолютно прав. В тот вечер до начала мероприятия они собрали *дополнительно* миллион долларов, просто сократив количество билетов *и* подняв их цену. Более того, все участники были лучше подготовлены, чем когда-либо, чтобы стать крупными донорами. Этот вечер стал самым успешным за всю историю фонда: удалось собрать почти 5 400 000 $ от 100 человек (это 54 000 $ с каждого!). Каждый лот на аукционе представлял собой уникальный предмет. Если ты упустил возможность, то второй попытки купить этот предмет уже не будет. Арнольд даже добавил несколько бонусов, если два участника доходили до высоких ставок — фонд получал оба пожертвования.

Это было мастерское использование человеческой психологии в обстановке, где люди осознанно переплачивали за товары. *Продукты оставались неизменными*, но в таких условиях вещь, которая в другом месте не продалась бы за 10 000 $, продавалась за 100 000 $. Вот насколько сильны эффекты дефицита, срочности и бонусов. Цель этой главы — разобрать, как использовать эти инструменты для увеличения спроса на твоё предложение, не меняя само предложение.

Примечание автора — Другие инструменты убеждения

Дефицит, срочность, бонусы и гарантии были далеко не единственными инструментами убеждения, использованными для того, чтобы добиться таких высоких цен на благотворительном вечере. Они также использовали приверженность и последовательность, статус, социальное давление, щедрость, поддержку знаменитостей, конкуренцию и другие методы. Однако дефицит, срочность и бонусы — единственные три инструмента, которые я подробно разберу в этой книге, так как считаю, что они больше относятся к «офферу», чем к непосредственной «продаже», о которой я расскажу более детально в четвёртой книге «$ 100 Млн Продажи».

Деликатный танец желаний

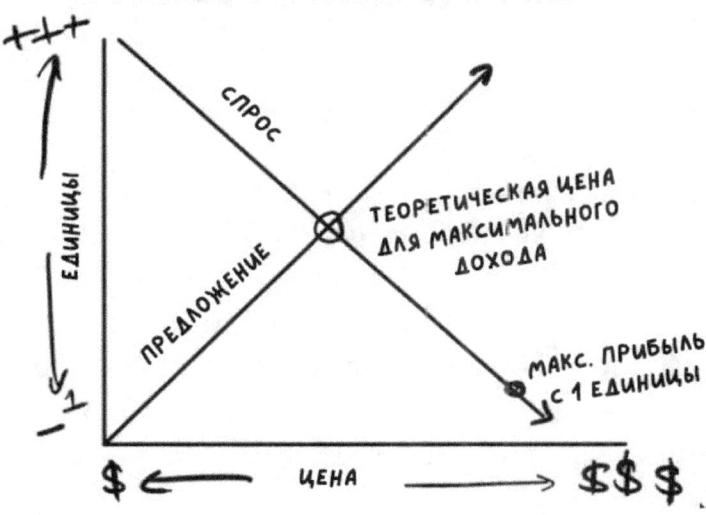

По сути, весь маркетинг существует для того, чтобы влиять на кривую спроса и предложения. Мы искусственно увеличиваем спрос на наши продукты и услуги с помощью убеждающей коммуникации. Увеличивая спрос, мы можем продавать больше единиц. Уменьшая предложение, мы можем продавать эти единицы дороже. «Идеальное сочетание прибыли» — это высокий спрос и минимальное предложение или *ожидаемое* предложение. Процесс улучшения твоего основного оффера направлен на выполнение обеих этих задач: увеличение спроса и снижение *ожидаемого* предложения, чтобы ты мог продавать *те же самые* продукты *дороже*, чем ты мог бы, и в *больших* объемах, чем ты обычно продавал бы (на более длительном временном отрезке).

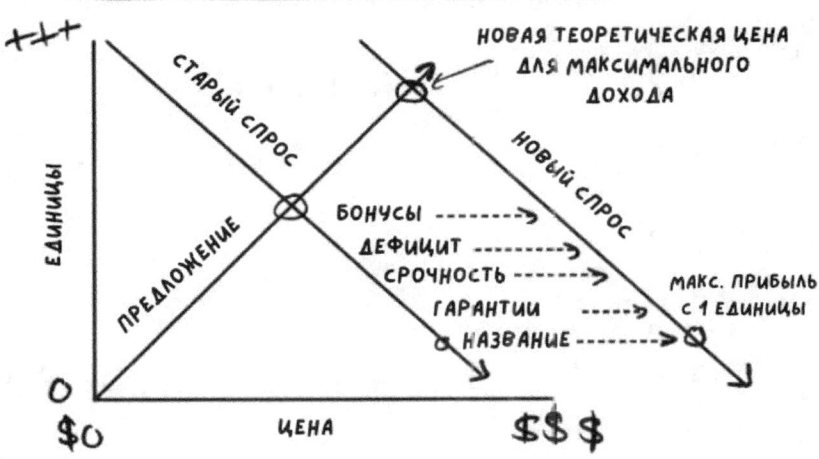

> **Примечание автора**
>
> В данном случае речь идёт о стандартном бизнесе, который не стремится к массовому охвату рынка ради какого-либо другого стратегического преимущества.

Желание рождается из *невозможности* получить то, что хочется. На самом деле, мне нравится одна цитата Наваля Равиканта: «Желание — это договор, который ты заключаешь с самим собой, чтобы быть несчастным до тех пор, пока не получишь то, что хочешь». Отсюда следует, что мы хотим только то, чего у нас *нет*. Как только мы это получаем, желание исчезает. Поэтому, если мы стремимся увеличить спрос (или желание), мы должны уменьшить или *отложить* удовлетворение желаний наших потенциальных клиентов. Мы должны продавать *меньше* единиц, чем *могли* бы. Задумайся об этом на секунду.

Рассмотрим следующий пример. Мы рекламируем предстоящие двухдневные мастер-классы. Сначала мы «шепчем на ухо», что они скоро начнутся. Затем даем небольшие тизеры о преимуществах. А потом громко заявляем, что запуск состоится через неделю. И когда этот потрясающий мастер-класс запускается, мы сталкиваемся с двумя сценариями спроса и предложения:

Сценарий 1: Мы продаём 10 мест по 500 $ каждое (продаем всю «пирамиду» по цене, с которой согласятся все).

Сценарий 2: Мы продаём два однодневных индивидуальных мастер-класса по 5 000 $ каждый (работаем с «верхушкой пирамиды», оставляя 80% аудитории без покупки).

Стоит отметить, что у каждого из этих потенциальных клиентов свой порог покупки. По моему опыту, спрос на услуги нелинеен. Скорее, он имеет фрактальную структуру (80/20). Другими словами, пятая часть клиентов готова заплатить в пять раз больше (или даже больше).

В приведённом примере у меня может быть десять человек, готовых заплатить 500 $, но двое из них готовы выложить 5 000 $. Таким образом, я заработаю больше, снизив затраты (и увеличив прибыль), предоставлю больше ценности и повышу спрос среди оставшихся потенциальных клиентов, продавая *меньшее* количество мест. Подумай, насколько эксклюзивным *является* первый сценарий по сравнению со вторым. А теперь представь всех тех людей, которые захотят купить, но не смогут. Станет ли их желание сильнее или слабее? Конечно, сильнее.

Более того, если люди увидят, что те, кто «смог попасть внутрь» в восторге, то это ещё больше усилит их желание. В следующий раз они будут действовать быстрее и будут готовы заплатить больше за то же самое, чем в первый раз. Таким образом, в результате второго сценария у нас остаются восемь человек с неудовлетворёнными желаниями. Это ещё больше подогревает их интерес. Кроме того, у нас появляются новые потенциальные клиенты, которых изначально не было в нашей базе, которые теперь хотят то, что есть у нас.

В следующий раз, когда мы продвигаем второй сценарий, мы открываем *три* места по той же цене и продаём их все (оставляя некоторую часть потенциальных клиентов с неудовлетворённым спросом!). Это постоянная стратегия.

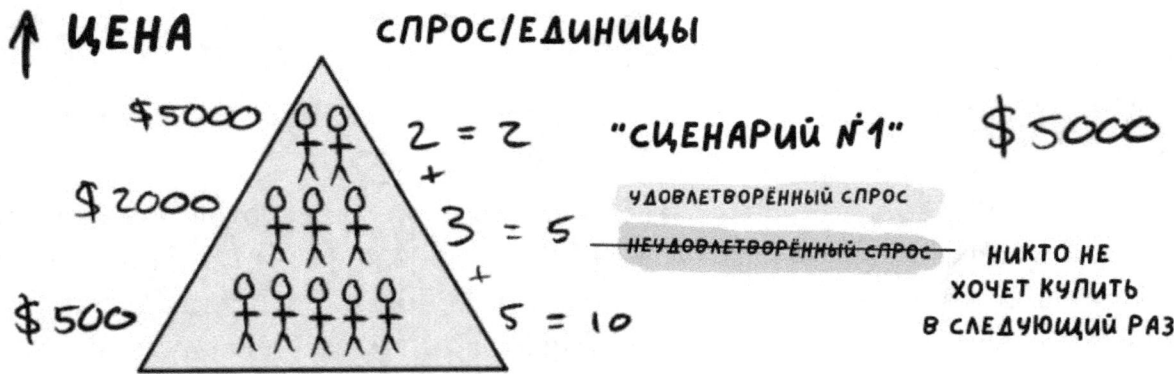

С другой стороны, если мы снова будем продвигать первый сценарий (цену в 500 $), то, вероятно, продадим меньше мест во второй раз. Почему? У нас больше нет неудовлетворённого спроса. Все желания удовлетворены. Когда ты «нажимаешь на курок слишком рано», каждое последующее продвижение продаёт всё меньше. В конечном итоге мы сталкиваемся с недостатком спроса, чтобы сделать хотя бы одну продажу. Это печальная реальность многих бизнесов, которые *постоянно пытаются создать больше спроса* для быстрой продажи.

Закон Хормози: Чем дольше ты откладываешь момент, когда просишь о чём-то, тем больше ты сможешь запросить в итоге. «Чем длиннее взлётная полоса, тем больше самолёт, который сможет взлететь».

Мы должны стремиться к тому, чтобы наше предложение (и удовлетворение желаний) оставалось ниже уровня спроса, который мы способны создать. Это максимально увеличивает прибыль и поддерживает неудовлетворённый спрос среди наших клиентов. Это настоящий ключ к тому, чтобы никогда не голодать.

Основные выводы

Причина, по которой я назвал этот подраздел «Деликатный танец желаний», заключается в том, что предложение и спрос обратно пропорциональны (в теории). Если ты удовлетворяешь ноль желаний (предоставляешь ноль предложений), то ты не зарабатываешь деньги, *а в конечном итоге* оставляешь людей с чувством отвергнутости (Примечание: это занимает больше времени, чем ты думаешь).

С другой стороны, если ты удовлетворишь весь спрос, то ты убьёшь курицу, которая несёт золотые яйца и не будешь знать, где взять следующий обед. Мастерство управления предложением и спросом заключается в изящном танце между ними. Если ты спишь со своим партнёром каждый день, то его желание ослабевает по сравнению с тем, как если бы вы не виделись неделю. Нам нужен клиент с горящим желанием, а не просто заинтригованный.

Таким образом, понимание взаимодействия этих переменных — ключ к усилению твоего оффера и увеличению прибыли, которую ты будешь получать *со временем*. До этого момента мы рассмотрели все *внутренние* аспекты твоего оффера, которые могут сделать его не поддающимся сравнению по цене и могут превратить обычные услуги и продукты в нечто, за что люди готовы заплатить *любую цену*. Таким образом, следующей переменной, которая может сделать твой оффер ещё более привлекательным, является то, как он представлен. Другими словами, *внешние* факторы, которые создают восприятие твоего продукта в сознании потенциального клиента. Эти силы зачастую оказываются более мощными, чем сам твой основной оффер. В следующем разделе «Усиление оффера» я покажу тебе, как я:

1. Использую *дефицит,* чтобы сократить предложение, поднять цены (и косвенно увеличить спрос за счёт ожидаемой эксклюзивности).

2. Использую *срочность*, чтобы увеличить спрос, снижая порог действия для потенциального клиента.

3. Использую *бонусы,* чтобы увеличить спрос (и усилить *ожидаемую эксклюзивность*).

4. Использую *гарантии*, чтобы увеличить спрос, снизив риск.

5. Использую *названия*, чтобы снова стимулировать спрос и расширить осведомлённость о моём оффере среди моей целевой аудитории.

Я дам определение каждому из этих пунктов, а затем приведу примеры их использования. Мы будем использовать все эти переменные, чтобы усилить наш оффер и сместить кривую спроса в нашу пользу, оставляя клиентов всегда желать большего. Начнём с тактической стимуляции «страха упущенной выгоды» (FOMO) через создание *дефицита*.

Улучшение Оффера: Дефицит

«Распродано.»

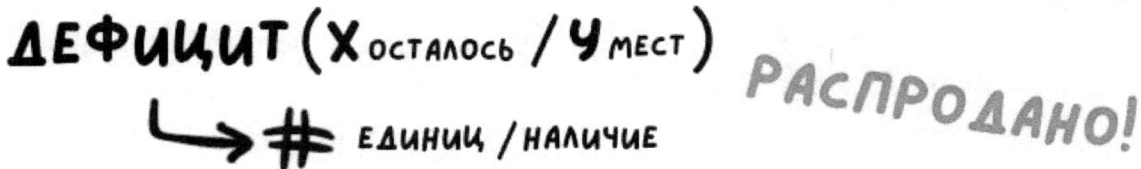

Дефицит — один из самых мощных и наименее понятных инструментов, который способен открыть безграничный потенциал ценообразования. Если ты хочешь узнать, как продавать воздух за миллионы долларов, слушай внимательно.

Причина, по которой авторитет (например, врач), знаменитость (например, Опра) или медийный эксперт (например, доктор Оз или доктор Фил) могут устанавливать невероятно высокие цены, заключается в ожидаемом спросе. Люди автоматически думают, что их время пользуется *огромным* спросом, а значит, его крайне мало. Как следствие, оно должно стоить дорого.

Тем не менее большинству бизнесов трудно понять, что значит работать с неравномерной кривой спроса и предложения, пока они сами это не испытают. Я попытаюсь провести тебя через этот опыт и показать, что я почувствовал, когда впервые столкнулся с этим, чтобы показать эту силу.

Когда я только вошел в мир приобретений, я видел, как мои наставники продавали свое время за 50 000 $ за один день и больше. Меня это ошеломило по двум причинам. Во-первых, я не понимал, как они могут зарабатывать такие деньги за один день. Во-вторых, я не понимал, кто в здравом уме покупал это. Со временем я всё-таки понял.

Начну с покупателя. Если у меня редкая проблема, и я *должен* её решить ради достижения своего счастья, то она поглотит всё моё внимание. Из-за того, что моя проблема узкоспециализированная, людей, которые могут её решить, будет крайне мало. Это означает, что тех, кто предложит решение не много. В большинстве случаев я буду воспринимать только одного возможного «решателя» (предложение = 1).

> **Пример из реальной жизни: кейс о создании ценности**
>
> Многие могут решить проблему: Как мне зарабатывать 10 000 $ в месяц?
>
> Но куда меньше тех, кто способен решить: Как я могу добавить 5 млн $ прибыли без добавления новых продуктовых линеек в мой бизнес? (Это был реальный проект, который занял у меня всего 60 минут и принёс ровно 5 млн $ чистой прибыли благодаря незначительным изменениям в модели ценообразования бизнеса). Можно сказать, зладелец бизнеса остался... «очень доволен» результатами работы.

Кроме того, если решение этой проблемы ускорит достижение цели на год или два, либо сразу принесёт сотни тысяч или миллионы долларов, то это решение становится гораздо более ценным, не так ли? Конечно, становится. Поэтому, если я могу заплатить кому-то 50 000 $ за день их времени и в результате увидеть рост дохода на 500 000 $ в месяц в течение трёх месяцев благодаря полученным инсайтам и стратегиям, то это, согласись, потрясающая окупаемость инвестиций, верно?

Таким образом, ценность состоит из двух компонентов: во-первых, редкость источников, а во-вторых, фактическая ценность, которую они предоставляют. Эти два аспекта, ценность и редкость, усиливают друг друга и создают по-настоящему сумасшедшую прибыль.

Специализированные консультанты зарабатывают миллионы долларов, решая проблемы, которые стоят десятки миллионов их клиентам. Клиенты оплачивают весь опыт и экспертизу специалиста, избегая при этом ошибок (время и деньги). Короче говоря, они пропускают всё плохое и сразу переходят к хорошему быстрее и дешевле, чем если бы пытались разобраться во всём самостоятельно — это потрясающий экономический обмен.

Я впервые столкнулся с этим, когда два *разных* человека предложили мне 50 000 $ за день моего времени после моего выступления на мероприятии. Они развивали образовательный бизнес в нише, не слишком отличающейся от моей, но не могли преодолеть отметку в 1 млн $ в месяц. Поскольку я на тот момент зарабатывал 1 млн $ в *неделю* в таком же типе бизнеса, я был *очень* специфическим человеком с решениями их проблемы.

И что же произошло, спросишь ты? *Барабанная дробь...* Я не принял их предложения. Почему? Потому что на тот момент я зарабатывал больше 50 000 $ в день чистой прибыли от своего бизнеса и не хотел отвлекаться.

Примечание автора

Спустя несколько лет я основал Acquisition.com, чтобы помогать именно таким людям. Но вместо того, чтобы взимать оплату за один день работы, я просто становлюсь акционером компании, полностью выравнивая наши интересы в краткосрочной и долгосрочной перспективе (а также, чтобы видеть реализацию внедрённых решений). А так как моё время ограничено законами физики, для всех остальных, чей доход ниже отметки в 3–10 млн $ в год, я делаю все эти материалы бесплатными :)

После завершения мероприятия, разговаривая с Лейлой, я осознал, что каким-то образом стал «одним из тех людей, о которых я всегда задавался вопросом». Для меня это был совершенно нереальный опыт. Я наконец понял, как *на самом деле* формируются премиальные цены... всё дело в простых законах спроса и предложения. Мало что может заменить невероятно высокий спрос. Ты можешь попытаться это подделать, но есть особый стиль «абсолютного пофигизма», который невозможно воспроизвести, если ты действительно не нуждаешься в чьих-то деньгах (или даже не хочешь их).

Вот почему эти ребята могут устанавливать такие высокие цены... потому что они в них не нуждаются. У кого меньше потребности в обмене, тот всегда в выигрышной позиции. Я всегда стараюсь об этом помнить. Это один из принципов переговоров и ценообразования, который лучше всего служил мне в жизни.

«Но Алекс, как ты собираешься показать мне, как использовать дефицит, чтобы увеличить количество людей, желающих мой оффер, если сейчас этого никто не хочет?» Отличный вопрос. Давай разберёмся с реальными, проверенными стратегиями, чтобы *надёжно* создать ощущение дефицита.

Создание дефицита

Когда предложение продуктов или услуг ограничено, это создаёт «дефицит» или «страх упущенной выгоды» (FOMO). Это усиливает потребность действовать и, как следствие, покупать твой оффер. Именно здесь ты открыто заявляешь, что предоставишь только X продуктов или можешь взять в работу лишь Y новых клиентов.

Например, если музыкант выпускает лимитированную серию худи и заявляет, что выпущено всего 100 штук и они больше никогда не появятся, то ты с большей или меньшей вероятностью купишь его, чем тот, который всегда доступен? Скорее всего, с большей. Мысль о том, что ты *никогда* не сможешь получить его снова, делает вещь более желанной.

Это и есть пример дефицита. Это страх упустить что-то важное. Он воздействует на наш психологический страх потери, побуждая нас к действию. Люди гораздо больше мотивированы действовать, чтобы завладеть редким ресурсом, чем совершать действия, которые могли бы *помочь* им. *Страх потери* сильнее, чем *желание приобрести выгоду*. Мы будем использовать этот психологический рычаг, чтобы заставить твоих клиентов покупать в ажиотаже, всё разом, пока ты не *распродашь всё*.

Три вида дефицита

1. Ограниченное предложение мест/слотов: в целом или на определенный период времени.

2. Ограниченное предложение бонусов.

3. Больше никогда не будет доступно.

Но как использовать это правильно, чтобы не выглядеть фальшиво? Я постараюсь привести тебе примеры из реальной жизни.

Физические продукты

Ограниченные выпуски — проверенный временем метод использования этого психологического принципа в своих интересах. Ты можешь делать ограниченные партии вкусов, цветов, дизайнов, размеров и т. д. Например: «В этом месяце мы выпускаем 100 коробок протеиновых батончиков со вкусом шоколадного печенья с мятой». Важный момент: чтобы правильно использовать этот метод, <u>ты *всегда* должен распродавать всё.</u>

Вот почему: лучше постоянно всё распродавать, чем заказывать больше, чем нужно, и потерпеть неудачу в создании дефицита. Этот метод становится ещё эффективнее, если использовать его регулярно (но не слишком часто). Раз в месяц, по моим наблюдениям — это оптимальная частота для большинства компаний, которые делают это регулярно.

Второй важный момент: используя эту тактику, ты должен обязательно сообщить всем, что всё было распродано. Именно это делает метод таким эффективным. Даже те, кто сомневался, видя, что всё было продано, воспринимают это как социальное доказательство того, что *другие люди* посчитали продукт стоящим. А теперь, когда выбор был сделан за них, они хотят его ещё больше, потому что уже не могут его получить. Поэтому в следующий раз, когда ты сделаешь предложение, они с гораздо большей вероятность согласятся на него.

Интересный факт: Chanel, бренд, который сохраняет невероятные наценки и высокие цены уже более века, является мастером дефицита. Они отправляют в магазины всего по 1–2 экземпляра каждой вещи, чтобы каждый магазин имел свой уникальный ассортимент, а каждый предмет становился последним или предпоследним в наличии. Это позволяет им ставить цены намного выше рыночных и превращать импульсные покупки в реальные продажи.

Услуги

В случае с услугами, особенно если ты хочешь регулярно привлекать клиентов, использовать дефицит может быть немного сложнее. Но я покажу тебе несколько простых способов этично применять дефицит, чтобы увеличить количество откликов на твои офферы. Все эти подходы схожи между собой, но имеют небольшие отличия. Я перечисляю их здесь, потому что один из них может лучше подойти твоей бизнес-модели, чем остальные.

1) **Лимит на общее количество клиентов — принимаем только... Х клиентов.** Ты постоянно ограничиваешь количество клиентов на этом уровне сервиса. Это ограничивает количество людей, которых ты можешь обслуживать, но и удерживает их в твоём списке. Ты создаёшь лист ожидания для новых потенциальных клиентов. Как только дверь открывается, они тут же заходят, и сопротивление цене исчезает. Периодически ты можешь увеличивать вместимость на 10–20%, а затем снова вводить лимит. Этот подход особенно хорошо работает для твоих самых дорогих уровней или премиальных услуг.

   a) Это похоже на утверждение: «Моё агентство обслуживает только 25 клиентов. Точка». Со временем ты можешь повышать цены и исключать менее прибыльных клиентов, заменяя их новыми, более выгодными или же ты можешь периодически «открывать слоты» по мере увеличения твоей вместимости (оставляя при этом всегда часть спроса неудовлетворённым).

2) **<u>Лимит на рост — принимаем только Х клиентов в неделю (постоянно).</u>** «Мы принимаем только 5 новых клиентов в неделю, и 3 места уже заняты. У меня запланировано ещё 6 звонков на этой неделе, так что ты можешь занять место сейчас или его займёт кто-то другой, и ты будешь ждать, пока мы снова откроем прием». Я использую этот метод с самого начала своего бизнеса. Я всегда знал, сколько клиентов могу взять в неделю, и просто информировал потенциальных клиентов о количестве оставшихся мест. Это основано на том, что ты можешь обработать лишь ограниченное количество новых клиентов за определённый период, так почему бы не сообщить им об этом?

3) **<u>Лимит на группу — принимаем только... Х клиентов в класс или группу.</u>** Этот подход похож на предыдущий, но реализуется с любой желаемой частотой. Можно сказать, что в течение определённого периода в класс или группу принимается только Х клиентов. Представь, что ты принимаешь клиентов только ежемесячно или ежеквартально. Это помогает организовать рабочий ритм в твоём бизнесе и создаёт реальный дефицит для твоей команды продаж. Пример: «Мы берём 100 клиентов 4 раза в год. Мы открываем двери, а затем закрываем их». И так далее.

Полезный совет — создавай ограниченный доступ для премиальных услуг

Эти тактики дефицита особенно хорошо работают для дорогих дополнительных продаж. Если ты хочешь проводить разовые воркшопы, тренинги, мероприятия, семинары, консультации и так далее — это именно те вещи, которые по своей природе занимают время и обеспечивают более широкий доступ. Если сочетать их с четким ощущением дефицита или фиксированным количеством мест, это быстро увеличит спрос. Но всегда помни: *должно быть меньше доступных мест, чем ты думаешь, что сможешь продать* — чтобы, когда ты решишь повторить это в будущем, все будут помнить, что у тебя *всё раскупили... мгновенно.* Это стратегия накопительного эффекта, которая со временем становится всё более эффективной. Одна из немногих «фишек» в арсенале маркетинга.

Позволь привести реальный пример использования дефицита, чтобы увеличить ценность бесплатного лид-магнита. Если бы я сказал тебе прямо сейчас, что у меня есть чек-лист, который ты сможешь скачать бесплатно, и он содержит все эти материалы из этой книги в виде списка, ты, *возможно,* задумался бы отложить книгу и перейти по ссылке, чтобы скачать его.

Но, если бы я сказал, что каждую неделю на странице доступ к скачиванию предоставляется только *двадцати* новым людям, ты бы <u>гораздо охотнее</u> пошёл проверить, сможешь ли ты успеть его получить. И тем более, если, попробовав ты увидел, что лимит уже исчерпан на эту неделю. Результат? Ты записался в список, который уведомит тебя в следующий раз, как только ещё двадцать чек-листов станут доступны для скачивания. Что происходит дальше? Получив уведомление, ты бы нажал на ссылку в своем телефоне и тут же перешёл на страницу, потому что не хочешь снова упустить шанс.

Используя дефицит, мы превращаем то, что в противном случае было бы «просто удобным бесплатным скачиванием», в желанный ресурс, доступный не каждому. Более того, ты, скорее всего, с большей охотой воспользуешься этим материалом, когда наконец получишь его… всё благодаря тому, что мы ограничили предложение. Круто, правда?

Честный дефицит (Самый этичный дефицит)

Самая простая стратегия создания дефицита — это <u>честность</u>. Что? Подожди, дай объяснить.

Скорее всего, ты не сможешь завтра взять на себя 1 000 клиентов, верно? Но сколько ты действительно мог бы обслужить? 5? 10? 25? Так почему бы тебе просто не определить то количество, которое ты готов взять за определённый период времени, и рекламировать это? Просто сообщив людям, что на этой неделе ты уже заполнил три четверти своих возможностей, ты подтолкнёшь их к покупке у тебя. Или, например, если ты скажешь, что твоя загруженность 81%, это сделает людей более склонными записаться к тебе «до того, как они упустят этот шанс».

Дефицит сам по себе подразумевает социальное доказательство. Если ты заполнен на 81%, значит, достаточное количество людей уже приняло решение работать с тобой, и чем ближе ты будешь к полной загрузке, тем быстрее исчезнут оставшиеся места. Но только ты определяешь этот лимит «заполнения». Удобно, правда?

Основные выводы

Используй один или несколько методов создания дефицита в своём бизнесе. Это подтолкнёт твоих потенциальных клиентов быстрее принять решение о покупке — и по более высокой цене. Просто сообщи им о своих лимитах, и позволь психологии сделать остальное.

Теперь, когда мы разобрали несколько моих любимых тактик создания дефицита, которые ты можешь применять круглый год, что ещё ты можешь сделать, чтобы увеличить спрос, *не* меняя ничего в своём оффере? Усиль срочность. Об этом поговорим в следующей части.

Полезный совет — Экстремальный дефицит

Если ты не презираешь деньги, продавай крайне ограниченное предложение доступа 1-на-1. Ты можешь сделать это с помощью любого из способов, описанных в «Delivery Cube»: доступ через личные сообщения, почтовые рассылки, телефонные звонки, голосовые сообщения, Zoom-встречи и т. д. Способов сделать это действительно много. Но вот что я тебе обещаю: если ты хочешь сразу заработать много денег, создай очень эксклюзивный уровень сервиса, основанный на доступе к тебе (да, это не масштабируется), с очень маленьким лимитом. Установи очень высокую цену. Затем расскажи об этом людям. Ты заработаешь больше, чем мог бы себе представить. Как правило, именно они одни из лучших клиентов. И ограничь свой сервис чем-то, что тебе самому не будет в тягость. Например, я ненавижу рассылки и сообщения, но Zoom-встречи меня устраивают. Настрой это под свой стиль работы. Лишь «лучшие из лучших» (1% от 1%) смогут адаптироваться и предпринять действия.

Полезный совет — Уходи раз и навсегда

Ты можешь создать дефицит, также ограничив уровень своего сервиса и заявив, что, если клиент уйдёт, он больше никогда не сможет вернуться. Этот тип дефицита заставляет людей серьёзно задуматься перед тем, как уйти. Я начал применять это в своих тренажерных залах ещё в самом начале. Потом я оказался в мастермайнде, где использовали эту же стратегию. Затем я начал применять её в своей продвинутой программе Gym Lords. Этот подход лучше всего работает с небольшими группами (как в примере выше). Когда группы становятся слишком большими, тактика теряет свою силу (говорю из личного опыта).

Улучшение Оффера: Срочность

«Дедлайны. Двигают. Решения.»

- Я

СРОЧНОСТЬ (к дате X) → относится ко времени

5...4...3...2...1...готово

Дефицит — это функция *количества*. Срочность — это функция *времени*.

Это тот случай, когда ты ограничиваешь *только* время, *когда* люди могут записаться, а не *их количество*. Наличие определённого срока или предельного момента для совершения покупки или действия создаёт срочность. Часто дефицит и срочность используются вместе, но я разделю их, чтобы показать эти концепции.

Я покажу тебе четыре моих любимых способа применения срочности на регулярной основе и при этом этично: 1) Регулярные группы (Rolling Cohorts), 2) Сезонная срочность (Rolling Seasonal Urgency), 3) Акции или ценовая срочность (Promotional or Pricing Urgency), 4) Взрывные возможности (Exploding Opportunity). Они позволят использовать срочность в твоём бизнесе без фальши. Мой любимый способ — это запуск групп клиентов с определённой регулярностью. Это даёт дополнительные операционные преимущества, помогая тебе наладить чётко продуманный процесс введения новых клиентов в курс дела. По мере масштабирования твоего бизнеса это станет ещё более важным.

1) Регулярная групповая срочность

Например, если ты запускаешь группы клиентов каждую неделю (даже без ограничений по количеству), можно сказать: *«Если ты запишешься сегодня, я смогу включить тебя в следующую группу, которая стартует в понедельник. В противном случае тебе придётся ждать до следующей даты запуска».*

Если хочешь немного усилить эффект, можно сказать: *«На самом деле, один из клиентов, который записался несколько недель назад, выбыл, поэтому у меня есть место в следующей группе, которая стартует в понедельник. Если ты уже уверен, что собираешься сделать это рано или поздно, почему бы не начать прямо сейчас, чтобы начать получать результаты раньше, а не ждать и платить то же самое?»*

Эти две простые доработки помогли увеличить количество продаж просто напомнив потенциальному клиенту, что если он запишется сейчас, то начнёт уже в понедельник, а если нет, то ему придётся ждать ещё неделю. Такие мелочи подталкивают людей к действиям, про которые они и так понимают, что они должны предпринять в любом случае.

Очевидно, чем реже ты запускаешь новые группы клиентов, тем сильнее это работает. Например, если ты принимаешь новых клиентов всего два раза в год, люди будут гораздо сильнее стремиться записаться, особенно по мере приближения даты. Даже если ты запускаешь новых клиентов раз в две недели, это может дать толчок срочности.

Что делать, если я теряю продажи, отказывая в услугах?

Как и в случае с гарантиями, всегда возникает страх, что, применяя эту стратегию, ты заработаешь меньше денег. Мы боимся, что упустим продажи, которые могли бы совершить. Однако любой опытный маркетолог скажет тебе — этот страх необоснован. Наибольшее количество продаж во время недельной кампании или запуска происходит в последние 4 часа последнего дня (до 50-60%). Это значит, что последние 3% отведённого времени создают 50-60% всех продаж... это абсолютно нелогично, но это абсолютно человеческая особенность. Таким образом, как и с гарантией, ты заработаешь больше денег за счёт тех людей, которые приняли решение действовать, чем от тех, кто упустил возможность, потому что на самом деле эти люди никогда бы не купили (чёрт возьми, они не купили, даже когда были под давлением, так почему они должны это сделать без него?). Это полезно помнить.

Что делать, если ты только что запустил группу, а кто-то хочет купить…

У тебя есть два варианта: 1) ты можешь предложить им ускоренную персональную адаптацию, чтобы они быстро наверстали упущенное как «бонус» за регистрацию сегодня, и всё-таки попадут в текущую группу. Или, мой предпочтительный вариант, 2) ты можешь объяснить им, что поскольку следующая группа начнётся немного позже, у них будет преимущество: больше времени для изучения материалов, обсуждения со своими сотрудниками (для b2b-продуктов) или членам семьи (для b2c-продуктов). Кроме того, они могут получить более выгодный план рассрочки, который ты можешь предложить только из-за того, что дата старта ещё далеко. Это преимущество, которого большинство клиентов не получают. В итоге, помни: преимущество всегда на твоей стороне, потому что именно ты задаёшь правила игры.

2) Регулярная сезонная срочность

В цифровой среде использование реальных обратных отсчётов до даты окончания регистрации *очень полезно*. Но убедись, что они реальные. Если это не так, ты потеряешь доверие и будешь выглядеть как *очередной псевдомаркетолог*. Это очень распространённый приём в интернет-бизнесах, использующих модель «запуска». Лично я *обожаю* указывать даты проведения акций на своих лендингах *и* в текстах. Я хочу, чтобы это было видно повсюду. Прелесть в том, что ты всегда можешь запустить новую рекламную кампанию и лендинг с обновлёнными датами, как ни в чём не бывало. Ты увидишь, как конверсии взлетят до небес, а на редактирование уйдёт, возможно, пять минут — это точно стоит потраченного времени.

Пример: Наша новогодняя акция заканчивается 30 января!

В следующем месяце: наша промоакция «Влюблённые Валентинки» заканчивается 28 февраля!

В следующем месяце: наша промоакция «Стань секси к весне» заканчивается 31 марта!

В следующем месяце: наша промоакция «Апрельские влюблённые дураки» заканчивается 30 апреля!

Сама промоакция может быть одной и той же, но её переименование в соответствии с «сезоном» создаёт «реальное» ощущение уникальности, задавая начало и конец. Дедлайны определяют решения. Ты можешь указать их, и позволить людям подтолкнуть себя к тому, чтобы не упустить возможность.

> **Полезный совет — для местного бизнеса:**
>
> Это моя стратегия номер один для местного бизнеса. Им нужно менять свой маркетинг чаще, чем национальным рекламодателям. Обновление упаковки для одной и той же услуги с указанием даты даёт срочность и новизну, что неизменно приносит лучшие результаты, чем «всё та же старая реклама».

3) Ценовая или бонусная срочность

Это ещё один способ создать срочность, используя твоё реальное предложение или структуру акции/цены в качестве того, что они могут упустить (гениально, правда?). Это позволяет компаниям, которые продают клиентам круглый год, всё равно использовать срочность. Например: *«Да, давай начнём сегодня, чтобы ты успел воспользоваться скидкой, ради которой пришёл. Я не уверен, как долго она ещё будет действовать, так как мы меняем их каждые 4 недели, и это одна из лучших акций, которые мы запускали за последнее время».*

Такой подход создаёт эффект *страха упустить* акцию (будь то скидка или бонусы), а не твой основной сервис. Было бы неправдой сказать, что если ты владеешь кровельной компанией, то ты не станешь обслуживать клиента, если он купит после окончания акции. Но если ты будешь говорить конкретно об акции, то сможешь вызвать у потенциального клиента такую же срочность в покупке, сохранив при этом честность — беспроигрышный вариант. Ты можешь чередовать промоакции, скидки или дополнительные бонусы, такие как бесплатная установка, бесплатное внедрение или дополнительный семинар (стоимостью 1 000 $), если клиент купит сейчас. Всё это — элементы, которые можно менять вокруг твоего основного оффера, чтобы создать срочность.

> **Полезный совет — «Оповещай свою базу при каждом изменении цен»**
>
> Если ты действительно планируешь повысить цены (а я надеюсь, что вскоре, раз ты читаешь эту книгу!), то всегда можешь пробить свою воронку продаж, просто сообщив людям: «Цена скоро повысится! Успей купить сейчас!» Никогда не повышай цены, не предупредив об этом. Это демонстрирует силу и уверенность, а также даёт небольшой приток денег от тех клиентов, кто всё ещё раздумывал.

4) Взрывная возможность

Иногда ты будешь предлагать клиенту возможность арбитража. Такая возможность всегда сопровождается тикающими часами, как и у всех недолговечных возможностей. Каждая секунда промедления оборачивается упущенной выгодой.

Пример: если бы я объяснял возможность арбитража между покупкой товаров на eBay и их продажей на Amazon, то указал бы, что эта рыночная неэффективность со временем скорректирует сама себя. Чем быстрее человек примет решение, тем лучше для него. Это также может касаться продажи возможности торговать криптовалютой, покупки акций, запуска рекламы на новой платформе до того, как конкуренты тоже ею заинтересуются. В условиях высокой конкуренции на рынке труда часто встречаются предложения работы с ограниченным сроком действия («взрывные офферы»), и если кандидат медлит, то его зарплата или бонусы могут уменьшиться. Это вынуждает потенциальных клиентов принимать решения быстро, вместо того чтобы «выждать» и посмотреть, не появится ли оффер получше.

Все эти примеры показывают, что такие возможности, которые со временем распадаются, поэтому, если ты столкнёшься с чем-то подобным, обязательно возьми это на заметку!

Основные выводы

Добавление дедлайна и внедрение одной или нескольких форм срочности заставят больше людей предпринять действия. Я использовал все эти четыре метода с высокой эффективностью. Советую тебе сделать то же самое. Далее… Бонусы!

БЕСПЛАТНЫЙ ПОДАРОК #7: БОНУСНЫЙ УРОК — КАК ЭТИЧНО ИСПОЛЬЗОВАТЬ ДЕФИЦИТ И СРОЧНОСТЬ

Если ты хочешь вместе со мной разобрать реальные (этичные) примеры использования дефицита и срочности, зайди на: **Acquisition.com/training/offers** и выбери **«Дефицит и Срочность»**, чтобы посмотреть короткое обучающее видео. Ты также сможешь скачать мой **чек-лист «Дефицит и Срочность»**, который я использую при создании офферов. Можешь отсканировать QR-код, если не хочешь набирать текст. Как всегда, это абсолютно бесплатно. Приятного обучения!

Улучшение Оффера: Бонусы

«Всё дело в соусе, детка.»

- старая английская поговорка

Я хочу выразить особую благодарность Джейсону Фладлиену за то, что я заново оценил бонусы. Они настолько мощные, что заслужили целую главу. В этой главе я расскажу: что предлагать, как выбирать бонусы, как их оценивать, как преподносить и как устанавливать цену.

Основная идея, которую я хочу донести, заключается в том, что *целостный оффер менее ценен, чем тот же самый оффер, разбитый на составляющие и представленный в виде бонусов* (см. изображение). Мы завершили формирование нашего оффера в конце предыдущего раздела. Эта глава о том, как и в каком порядке представить эти части. Например, я действительно могу делать множество вещей в рамках своей услуги, но пока я их не перечислю, они неизвестны. Именно поэтому каждая рекламная кампания всех времён заканчивается словами: *«Подождите, это ещё не всё!»*

Они не стали бы использовать эти техники, если бы они не были эффективными, поскольку каждая секунда эфирного времени стоит денег и должна быть оправдана рентабельностью инвестиций (ROI). Ты, возможно, заметил, что в старых рекламных роликах продавали один нож за 38,95 $, а затем добавляли ещё 37 ножей, точилок, сковородок и гарантии, чтобы заставить потенциального клиента сделать покупку. Они сначала устанавливают цену на товар, а затем наполняют его дополнительными элементами, пока ты не почувствуешь, что *это настолько выгодное предложение, что было бы глупо его упустить.*

Причина, по которой это работает, заключается в том, что мы увеличиваем *разницу между ценой и ценностью* в восприятии потенциального клиента, увеличивая предоставляемую ценность, а не снижая цену. Мы привязываем цену к основному офферу. Затем с каждым всё более ценным бонусом эта разница становится всё больше и больше, пока не станет слишком большой, чтобы её вынести — мы «рвём резинку» в его голове, которая удерживала кошелёк в кармане.

Теперь мы представим ту «стопку» продуктов, которую собрали ранее, так, чтобы она стала абсолютно неотразимой.

Полезный совет: Добавляй бонусы вместо скидок на основные офферы, когда это возможно

Когда ты пытаешься закрыть сделку, никогда не делай скидку на основной оффер. Иначе это приучит твоих клиентов к мысли, что твои цены можно обсуждать (а это ужасно). Добавление бонусов для увеличения ценности и завершения сделки значительно лучше, чем снижение цен. Это ставит тебя в позицию силы и доброй воли, а не слабости.

Презентация бонусов: индивидуальные продажи или продажи группе

Существует ключевая разница между продажей группе и одному человеку. Групповые продажи выходят за рамки этой книги. Но я хочу хотя бы рассмотреть, как и когда упоминать о бонусах в сценарии индивидуальной продажи. Когда ты продаёшь один на один, *сначала* попроси клиента совершить покупку, прежде чем предложить бонусы. Если он соглашается, то уже после регистрации сообщи ему о *дополнительных* бонусах, которые он получит. Это создаёт *вау-эффект* и укрепляет его решение о покупке.

С другой стороны, если человек *не* покупает после первой попытки, предоставь бонус, который устранит его предполагаемое препятствие, и снова предложи сделку. Не стесняйся спрашивать ещё раз. Просто согласись с его сомнениями, добавь бонус и спроси, считает ли он, что это предложение теперь «достаточно честное». Людям трудно отказаться от принципа взаимности, поэтому добавляя один бонус за другим, ты создаёшь у них чувство просто быть обязанным купить у тебя.

Если ты помнишь главу про стратегию «Упрощай и Добавляй», то знаешь, что каждый из тех продуктов теперь превращается в оружие и преподносится в самый подходящий момент. Мы в любом случае собираемся дать им все эти бонусы, но благодаря тому, что они наслаиваются один на другой, усиливается восприятие ценности нашего оффера.

Основные правила для бонусов

Тем не менее, предлагая бонусы, следует помнить несколько ключевых моментов:

1. Всегда предлагай их (можешь использовать список, который мы составили в конце Раздела III).

2. Дай им особенное название, содержащее выгоду в заголовке.

3. Расскажи:

   a) Как это связано с их проблемой;

   b) Что это такое;

   c) Как ты это нашёл или что тебе пришлось сделать, чтобы создать это;

   d) Как это конкретно улучшит их жизнь или упростит их опыт:

      i) быстрее, проще или с меньшими усилиями/жертвами (уравнение ценности).

4. Предоставь доказательства (это может быть статистика, отзыв клиента или личный опыт), чтобы подтвердить ценность бонуса.

5. Создай яркий мысленный образ того, какой будет их жизнь, если предположить, что они уже воспользовались этим и ощутили преимущества.

6. Всегда назначай цену каждому бонусу и обосновывай её.

7. Инструменты и чек-листы лучше, чем дополнительные тренинги (так как усилия и время в первом случае ниже, а ценность выше. Уравнение ценности всё ещё остаётся главным).

8. Каждый бонус должен решать конкретную проблему/препятствие в голове потенциального клиента, связанного с тем, почему он не может и не будет успешным (бонус должен доказать, что это убеждение неверно).

9. Бонусы могут быть тем, что клиент логически осознает, что ему понадобится в будущем. Ты хочешь решить их следующую проблему до того, как они с ней столкнутся.

10. Ценность бонусов должна превосходить ценность основного оффера. Психологически, по мере добавления бонусов, разница между ценой и ценностью продолжает расти. Это также подсознательно позволяет понять, что основной оффер должен быть ценным, потому что, это бонусы, а главное предложение должно быть ещё ценнее бонусов, верно? (На самом деле нет, но ты можешь использовать этот психологический трюк, чтобы твоё предложение казалось невероятно привлекательным).

11. Ты можешь дополнительно усилить ценность своих бонусов, добавив элемент дефицита и срочности в сами бонусы (это усилит эту технику).

   a) <u>Бонусы с дефицитом</u>

   <u>Версия 1:</u> Только те, кто зарегистрируется в программе XYZ, получат доступ к моим Бонусам №1, 2, 3, которые никогда не продаются и недоступны нигде, кроме как через эту программу.

   <u>Версия 2:</u> У меня осталось 3 билета на моё виртуальное мероприятие стоимостью 5 000 $. Если ты купишь эту программу, ты получишь один из последних 3 билетов в качестве бонуса.

   b) <u>Бонусы со срочностью</u>

   <u>Версия 1:</u> Если ты купишь сегодня, я добавлю бесплатно бонус XYZ, который обычно стоит 1 000 $. И я сделаю это, потому что хочу поощрить тех, кто действует быстро.

   c) Обрати внимание на тонкие различия. В первых двух примерах нет ограничения по времени. Они утверждают, что если ты купишь программу, то получишь то, что обычно недоступно. Бонус со срочностью подчеркивает необходимость купить *сегодня*: если они не купят сегодня, то они потеряют эти бонусы. Небольшая разница, но очень важная.

12. Ты также можешь сделать гарантию частью бонуса. Например: «Я хочу снять любые твои страхи, связанные с принятием решения сегодня. Поэтому, если ты решишь двигаться вперёд прямо сейчас, я добавлю гарантию возврата денег в течение 30 дней, чего я обычно не предлагаю».

Расширенные бонусы — Продукты и услуги других людей

Ты можешь договориться с другими компаниями, чтобы они предоставили тебе свои услуги и продукты в качестве части твоих бонусов в обмен на бесплатный доступ к твоим клиентам. Для них это бесплатный маркетинг, а для тебя — бесплатные высокоценные продукты. Компании пойдут на это, потому что ты обеспечишь их бизнесу бесплатный доступ к клиентам высокого уровня, к твоим покупателям. Пока эти компании не являются твоими прямыми конкурентами, ты можешь заработать «плюсики в карму», обеспечить себе будущие реферальные связи и одновременно сделать свой оффер более ценным. Если тебе удастся наладить достаточное количество таких отношений, ты сможешь реально оправдать свою цену за счёт экономии *и* дополнительных бонусов, которые объективно соответствуют этой цене.

Например, если бы я владел клиникой лечения боли, я мог бы договориться с массажистом о 1–2 бесплатных сеансах массажа, которые можно было бы включить в мой оффер. Кроме того, я мог бы договориться:

… с мануальным терапевтом, чтобы он предоставил две бесплатные корректировки (стоимость: 100 $)

… с компанией, производящей полезные продукты, о скидках на их продукцию (экономия: 50 $)

… о скидках на брекеты и ортопедические изделия (экономия: 150 $)

… с местным фитнес-клубом о бесплатной персональной тренировке и месяце бесплатного посещения бассейна (стоимость: 100 $)

… о скидках на препараты от местной аптеки (экономия: 100 $ в месяц)

… повторить то же самое с несколькими другими поставщиками услуг (например, договориться с десятью мануальными терапевтами, чтобы каждый дал одну бесплатную корректировку. Таким образом, я включу 10 корректировок в свой оффер).

… и так далее.

Если бы мой оффер стоил 400 $, то только стоимость этих бесплатных бонусов уже превышала бы эти 400 $.

И если этого ещё недостаточно, то чтобы действительно выйти на новый уровень, договорись о групповой скидке *и* комиссии для себя. Именно так мы поступили с нашей компанией по продаже добавок. Наши клиенты — владельцы тренажёрных залов, которые используют Prestige Labs. Мы называем их «спонсируемыми спортсменами». Они получают 30% скидки на нашу продукцию для личного использования. Более того, когда они продают эту продукцию, они получают 40% от всех продаж, остающихся после применения скидки.

Таким образом, выигрывают все. Их клиенты получают скидку в 30% по сравнению с ценами на нашем основном сайте. Они зарабатывают деньги за предоставление эксклюзивных скидок. А мы получаем новых клиентов в обмен на комиссионные. Все в выигрыше.

Если ты последуешь моим рекомендациям, то каждый из этих бонусов может стать для тебя источником дохода, как косвенно — за счёт того, что клиенты будут легче говорить: "ДА", так и напрямую — за счёт того, что ты можешь договориться, чтобы эти компании платили тебе за каждого клиента, которого ты им направишь.

Допустим, мы договорились о следующей «партнёрской комиссии» за привлечение клиентов в эти компании:

… мануальный терапевт платит тебе 100 $ за каждого клиента, который приходит в его офис

… компания по производству еды предоставляет тебе бесплатную еду (вкуснятина!)

… компания по производству ортопедических изделий платит тебе 100 $ за каждого приведённого клиента

… фитнес-клуб предоставляет тебе бесплатное членство *или* 50 $ за каждого подписавшегося клиента

… аптека платит тебе 100 $ за каждого клиента

Теперь давай посмотрим, сколько мы заработали… наш оффер за 400 $ теперь имеет возможность принести нам дополнительные 350 $… чистая прибыль! Вот в чём прелесть таких взаимоотношений. Другие компании будут платить тебе, а тебе не нужно будет делать ничего, кроме как направлять к ним клиентов, которых ты уже привлёк за свой счёт.

И если ты действительно хочешь переусердствовать, то разработай Оффер Большого Шлема с этими партнёрскими компаниями, используя те же концепции из книги, чтобы каждый из бонусов стал ещё более ценным, чем просто обезличенная услуга.

БЕСПЛАТНЫЙ ПОДАРОК #8: БОНУС...НА...БОНУСЫ

Существует миллион и один способ использовать бонусы в твоих офферах. Ты можешь заставить людей действовать быстрее. Ты можешь использовать ценовой якорь и продуктовый якорь (о чём мало кто знает). Ты можешь убедить больше людей сказать «да», чем обычно. Если ты хочешь углубиться в эту тему со мной, перейди на сайт **Acquisition.com/training/offers** и выбери **«Создание бонусов»**, чтобы посмотреть короткий видеоурок. У меня также есть **бесплатный чек-лист бонусов**, который я использую при создании офферов. Забирай его для своего бизнеса совершенно бесплатно! Если не любишь набирать текст, просто отсканируй QR-код.

Основные выводы

Мы хотим использовать бонусы, потому что они увеличивают разницу между ценой и ценностью и заставляют людей покупать, даже тех, кто иначе бы не купил. Они значительно повышают восприятие ценности нашего оффера. Итак, вот что нужно делать:

1. Создавай чек-листы, инструменты, готовые файлы, скрипты, шаблоны и всё, что требует больших затрат времени и усилий для самостоятельного создания, но легко использовать после создания. Всё то, что можно сделать один раз, вложив время или деньги, а потом раздавать бесконечное количество раз, идеально подходит для бонуса.

2. Помимо этого, возьми за привычку записывать каждый семинар, каждый вебинар, каждое мероприятие, каждое интервью, чтобы использовать их как дополнительные бонусы (по мере необходимости для преодоления предполагаемых препятствий).

3. Проактивно договаривайся о групповых скидках и реферальных комиссиях с близкими по тематике бизнесами, которые закрывают потребности, возникающие у твоих клиентов в процессе работы с тобой.

Что будет следующим естественным желанием для них? Найди эти компании, договорись о скидках для них, которые они сами никогда не смогли бы получить (потому что ты ведёшь переговоры от имени всех своих клиентов одновременно — это очень мощно).

Примечание автора:

Чем дольше ты занимаешься бизнесом, тем больше таких бонусов у тебя будет в распоряжении. Все эти вещи ценны. Сохрани их в своём арсенале, чтобы добавить в свой оффер для закрытия сделки. Информационные продукты отлично подходят для этого, так как обладают высокой воспринимаемой ценностью, низкой себестоимостью и не требуют операционных затрат, кроме предоставления дополнительного доступа к сервису. Билеты на виртуальные мероприятия или события тоже работают. То же самое касается более высокого уровня сервиса с фиксированной стоимостью, например, предоставления VIP-обслуживания на месяц (что также можно использовать как апгрейд, чтобы клиент остался на этом уровне сервиса. Подробнее об этом во Второй Книге).

Что должно быть бонусом, а что — частью основного оффера, если я тот, кто выполняет его?

Короткий ответ: Вау-эффект — другими словами, что-то, что нельзя пропустить. Часто у тебя так много «всего» в твоём оффере (и это хорошо), что ценные «самородки» могут затеряться. Тебе нужно выбрать самые яркие из них, которые могут быть самостоятельными, и выделить их. Это особенно актуально для тех вещей, которые короткие по длине, но обладают высоким качеством или ценностью. Чек-листы или инфографика могут сжать большое количество информации в компактную форму. Кто-то может не считать оправданным платить большие деньги за карту запуска продукта (к примеру), но как бонус это будет восприниматься очень ценным.

Что дальше . . .

У нас есть основной оффер. Мы представляем его таким образом, чтобы усилить дефицит и срочность, увеличивая вероятность того, что клиенты захотят его ещё сильнее. Мы дополнили основной оффер бонусами, которые делают разрыв между ценой и ценностью просто невероятным, ломая шаблоны в головах наших потенциальных клиентов. Следующая остановка на нашем волшебном пути — большой слон в комнате... *риск*. Мы полностью устраним его, используя комбинацию гарантий, чтобы у них не осталось причин не купить.

Улучшение Оффера: Гарантии

«Тебе понравится, как ты выглядишь... Я гарантирую это.»

- Реклама Men's Warehouse, которая шла вечность.

ГАРАНТИИ ЦЕНЯТСЯ НА ВЕС ЗОЛОТА

Наибольшее возражение против любого продаваемого продукта или услуги — барабанная дробь... это *риск*. Риск того, что он не сделает то, что должен сделать для них, поэтому устранение риска — это самый быстрый способ сделать любой оффер более привлекательным. Тебе стоит уделить непропорционально много времени тому, чтобы понять, как ты хочешь этот риск устранить. И всё же, насколько гарантия может сделать оффер более привлекательным?

Джейсон Фладлиен, которого я упоминал ранее, однажды сказал, что видел, как конверсия оффера увеличивалась в 2–4 раза просто за счёт изменения качества гарантии. Это действительно важно.

С точки зрения классификации существует четыре типа гарантий:

1. Безусловные

2. Условные

3. Антигарантии

4. Подразумеваемые гарантии

Ты *всегда* должен подчёркивать свою гарантию, даже если её у тебя нет. Говори смело и объясняй, почему.

А разве люди не будут злоупотреблять безумной гарантией?

Иногда будут, но в большинстве случаев — нет. Здесь важно понимать математику. Если ты закрываешь 130% сделок, а процент возвратов *удваивается* с 5%

до 10%, ты всё равно заработаешь в 1,23 раза больше денег или на 23% больше чистой прибыли.

Пример: 100 продаж, 5 возвратов (5%) = 95 чистых продаж

Оффер с гарантией: 130 продаж, 13 возвратов (10%) = 117 чистых продаж

117/95 = 1,23 раза (увеличение на 23%)

Не будь эмоциональным, просто считай. Чтобы гарантия *не* стоила того, рост продаж должен быть полностью нивелирован количеством возвратов. То есть абсолютный рост продаж на 5% должен быть компенсирован абсолютным ростом возвратов на 5% (а это может означать удвоение возвратов, что маловероятно). Таким образом, в большинстве случаев чем сильнее гарантия, тем выше общий *чистый* прирост продаж, даже если процент возвратов тоже увеличится.

Предупреждение. Хотя гарантии могут быть мощным инструментом для увеличения продаж, клиенты, которые покупают исключительно *из-за* гарантии, могут оказаться крайне проблемными. Человек, который покупает только из-за гарантии, скорее всего, не захочет приложить усилия, необходимые для достижения успеха с твоим продуктом или услугой. В мире, где твоя цель — снизить риск для клиента *и* обеспечить ему наилучший результат, привязка гарантии к тому, что ему нужно сделать для достижения успеха, может быть полезна для обеих сторон.

> **Полезный совет: Предупреждение для услуг с высокой себестоимостью**
>
> Если твоему продукту или услуге сопутствуют значительные затраты, тебе, скорее всего, стоит использовать условную гарантию или антигарантию, поскольку в случае возврата денег тебе придётся покрыть не только стоимость возмещения, но и затраты на выполнение обязательств.

Виды гарантий

ЕСЛИ ТЫ НЕ ДОБЬЕШЬСЯ РЕЗУЛЬТАТА X ЗА ПЕРИОД Y, МЫ...

Сила гарантии заключается в условии: *если ты не достигнешь X результата за период Y, мы сделаем Z.*

Чтобы придать гарантии реальную *весомость*, нужно чётко определить, что ты сделаешь, если клиент *не получит* заявленного результата. Без элемента «то что» гарантия выглядит слабой и размытой.

Примечание. Именно так поступают большинство маркетологов.

Плохой пример. Мы гарантируем тебе 20 клиентов.

Лучший пример. Ты получишь 20 клиентов в первые 30 дней или мы вернём тебе деньги *и* компенсируем затраты на рекламу. Простая, но сильная гарантия.

Вот четыре типа гарантий. Сначала разберём их теоретически, а затем применим на практике.

1) Безусловные гарантии

Как я уже упоминал ранее, бывают безусловные, условные и «анти» гарантии. Безусловные гарантии — самые сильные. По сути, это своего рода пробный период, когда клиент сначала платит, а потом решает, нравится ли ему это. Такой подход привлекает ОЧЕНЬ много покупателей, но при этом нужно быть готовым к тому, что некоторые из них *будут* просить возврат средств. Особенно это касается культуры потребления, которая всё больше склоняется к завышенным ожиданиям и отсутствию ответственности.

2) Условные гарантии

Условные гарантии включают «правила и условия» гарантии. Именно здесь можно проявить ОЧЕНЬ творческий подход. В идеале такие гарантии должны быть «лучше, чем возврат денег». Потому что, если клиент собирается сделать инвестицию, то важно создать для него ощущение, что его вложения психологически сопоставимы с таким же или более высокими предполагаемыми обязательствами. Такие гарантии могут *очень* сильно повлиять на результаты клиентов. Если ты знаешь ключевые действия, которые человек должен выполнить для достижения успеха, включи их в условную гарантию. В идеальном мире 100% твоих клиентов имели бы право на условную гарантию, но достигнув своего результата, как следствие, не захотели бы её использовать. Это идеал, к которому мы можем стремиться. И просто для справки: если бы им предоставили выбор между возвратом денег или достижением обещанного результата, подавляющее большинство людей предпочли бы результат.

3) Антигарантии

Антигарантии — это когда ты прямо заявляешь: «Все продажи окончательны». Важно уверенно занимать такую позицию. Нужно придумать креативное «объяснение, почему» продажа является окончательной. Обычно речь идёт о том, чтобы показать серьёзные риски или уязвимость с твоей стороны, которую покупатель может легко понять и подумать: «Да, это логично». Такие гарантии особенно важны для предметов, которые являются расходным материалом или теряют значительную часть своей ценности после передачи клиенту.

4) Подразумеваемые гарантии

Подразумеваемые гарантии — это любые предложения, основанные на результатах. Они могут принимать разные формы: разделение выручки, разделение прибыли, триггеры, размытие доли, денежные бонусы и так далее. Концепция всегда одна: если я не показываю результат, то я не получаю оплату. Особенность такой структуры в том, что она также предусматривает возможность: «Если я хорошо справлюсь, меня щедро вознаградят». Эти гарантии работают только в ситуациях, где есть прозрачность для измерения результата и доверие (или контроль) за тем, что ты получишь оплату, если покажешь результат.

Комбинирование гарантий

Опытный продавец понимает, что, как и бонусы, гарантии можно *комбинировать*. Например, ты можешь предложить безусловную гарантию на 30 дней без вопросов, а поверх неё добавить условную гарантию с тройным возвратом в течение 90 дней. Это пример комбинирования безусловной гарантии с условной.

Можно также комбинировать две условные гарантии, связанные с разными (или последовательными) результатами. Например, ты заработаешь 10 000 $ через 60 дней и 30 000 $ через 90 дней, если выполнишь шаги 1, 2 и 3. Это задаёт перспективу достижения результата, который он теперь считает гораздо более вероятным (поскольку ты специально прописываешь это в условной гарантии с указанием сроков достижения). Такой подход демонстрирует потенциальному клиенту твою серьёзность в достижении результатов и убеждает его, что он добьётся того, чего хочет. Это перекладывает бремя риска от клиента обратно на нас… невероятно мощная стратегия.

Давай разберём несколько примеров разных гарантий:

Гарантия: Если ты не достигнешь X за Y время, мы [вставь предложение] . . .

[Безусловная] Гарантия Возврата Денег «Без лишних вопросов».

Что получает клиент: a) полный возврат средств, b) возврат 50% суммы, c) возврат расходов на рекламу и любых дополнительных расходов, d) оплата программы конкурента, e) возврат денег плюс дополнительные 1 000 $ (или другая применимая сумма).

Моё мнение: это самый простой вариант. Но он также и очень рискованный. Ты ставишь себя в ситуацию, когда клиент не достигнет результата из-за твоей ошибки или нет, но ты всё равно будешь нести ответственность. Очевидно, что такая гарантия мощная, но не оригинальная. Ты можешь добавить условия, но чем больше условий, тем быстрее эта гарантия теряет свою силу.

Формулировка: я слышал, как Джейсон Фладлиен, о котором я упоминал ранее, представлял свою безусловную гарантию на вебинаре, и это было невероятно. Эти слова на 100% его, а не мои. Я не претендую на авторство, но включил их для полноты картины.

«Я не прошу тебя решить сегодня да или нет... Я прошу тебя принять полностью обоснованное решение — вот и всё. Единственный способ принять такое решение — быть внутри, а не снаружи. Поэтому ты заходишь внутрь и проверяешь, правда ли что всё, что мы говорим на этом вебинаре ценно для тебя. Если это так, тогда ты решаешь оставить это. Если нет — никаких обид. После того как ты зарегистрируешься по ссылке, ты сможешь принять полностью обоснованное решение, что это не для тебя. Но ты не можешь сделать этот выбор сейчас, по той же причине, по которой ты не покупаешь дом, не осмотрев его изнутри. И знай вот что... будь то через 29 минут или 29 дней... если ты не счастлив, то и я не счастлив. По любой причине, если ты захочешь вернуть свои деньги, ты сможешь это сделать, потому что я хочу оставить твои деньги только в том случае, если ты доволен. Всё, что нужно сделать, — это написать на support@xyz.com со словами «верните мои деньги», и ты получишь их, и в короткие сроки: наше среднее время ответа на любой запрос составляет 61 минуту, и мы работаем 24/7. Такую гарантию можно дать только тогда, когда уверен, что ты предлагаешь реальную ценность, и я совершенно уверен, что когда ты регистрируешься по ссылке, ты получаешь именно то, что нужно, чтобы ПОЛУЧИТЬ ВЫГОДУ».

Полезный совет: Придумай крутое название для своей гарантии

Если Ты собираешься дать гарантию, добавь перца. Вместо того чтобы использовать слово «удовлетворённость» или что-то такое же «ванильное», опиши её более ярко.

<u>Обычный пример</u> (плохо). Гарантия возврата денег в течение 30 дней.

<u>Пример с яркими образами №1</u> (хорошо). Если через 30 дней ты не будешь готов прыгнуть в воду с акулами, чтобы вернуть наш продукт, мы вернём тебе каждый уплаченный доллар.

<u>Пример с яркими образами №2</u> (отлично). Мы дадим тебе нашу легендарную «Гарантию Клуба Тюленей»: если через 30 дней использования наших услуг ты не будешь готов пойти на всё, чтобы остаться с нами — ты не заплатишь ни копейки.

[Безусловная] Гарантия Возврата Денег на Основании Удовлетворённости (расширенная версия):

<u>Что получает клиент:</u> если в какой-то момент клиент останется недоволен уровнем предоставляемой услуги, то он может запросить возврат средств за программу (в любой момент).

<u>Моё мнение:</u> веришь или нет, но именно такую гарантию я давал, когда продавал программы по снижению веса. Помимо того, что это было предложение, от которого сложно отказаться, я гарантировал удовлетворённость. Я использовал силу своей гарантии, чтобы закрыть множество сделок. «Ты думаешь, я был бы до сих пор в этом бизнесе, если бы предлагал безумные гарантии вроде этой и был бы плох в том, что делаю? Сейчас я *не* гарантирую, что ты достигнешь своей цели за шесть недель, потому что я не могу есть за тебя. Но я гарантирую, что ты получишь от нас ценность и услуги на сумму 500 $, чтобы мы поддержали тебя. Если ты почувствуешь, что мы не предоставили тебе этот уровень сервиса, я выпишу тебе чек в тот же день, как только ты скажешь, что мы отстой».

Это работает идеально с подходом «лучший/худший исход». «В лучшем случае — ты получаешь тело своей мечты, и мы используем твои деньги для того, чтобы ты достиг своей долгосрочной цели. В худшем случае — ты говоришь мне, что я отстой, я выписываю тебе чек, а ты получаешь шесть недель бесплатного тренинга.

Оба варианта безрисковые. Но единственное, что точно *не* поможет тебе — это уйти отсюда сегодня». Если ты хорош в том, что делаешь, ты можешь использовать такую гарантию, чтобы подтолкнуть людей к покупке. Эта фраза принесла мне много денег. За три с половиной года из 4 000 продаж только два человека воспользовались этой гарантией.

Гарантия удовлетворённости/Без вопросов — это высшая форма гарантии. Она означает, что мы можем сделать всё идеально, но клиент всё равно может запросить возврат средств. Если ты знаешь математику, то ты компенсируешь возвраты за счёт более высокого и быстрого закрытия сделок. *Но ты должен быть хорош в исполнении своих обещаний.* Если это не так, то держись от этого подальше. Я считаю, что эта гарантия работает гораздо лучше для продуктов с низкой стоимостью. Для услуг с высоким чеком и большими затратами на выполнение это становится очень рискованным.

Полезный совет: Безусловные или условные гарантии в зависимости от типа бизнеса

Широкие, общие гарантии лучше работают для недорогих B2C-бизнесов (многие клиенты просто не будут тратить время на их использование). Чем выше стоимость продукта и чем больше он ориентирован на бизнес, тем сильнее стоит ориентироваться на более конкретные гарантии. Они могут включать или не включать возврат средств, а также могут содержать или не содержать условия.

Полезный совет: Гарантии как стимул для предоплаты

Тебе не нужно давать гарантию на всё, что ты продаёшь. Вместо этого можно гарантировать определённый способ оглаты или действие, которое ты хочешь, чтобы клиент совершил. Таким образом, гарантия мотивирует на желаемое действие. Позволь мне объяснить.

Представь, что у тебя есть какая-то услуга. После того как человек согласился оплатить, ты можешь сказать: «Ты хочешь заплатить меньше или получить назад все свои деньги?» Клиент уточнит, что ты имеешь в виду. Тогда ты можешь ответить: «Эта услуга стоит 4 000 $. Ты можешь оплатить её четырьмя платежами по 1 000 $ или ты можешь внести предоплату в размере 4 000 $, и мы дадим гарантию на XYZ. Люди, которые оплачивают заранее, более преданны делу и доводят его до конца, поэтому мы поощряем их делать это с помощью этой гарантии». Теперь у клиентов появляется ещё более весомая причина подготовиться к использованию услуги.

[Условная] Увеличенная Гарантия Возврата Средств

Что получает клиент: двойной или тройной возврат денег, либо безусловную выплату в размере X XXX $ (или другую сумму, которая значительно превышает то, что он заплатил).

Моё мнение: это работает, если ты продаёшь что-то с высокой маржой. Это так называемая «гарантия с условием выполнения». Это означает, что клиенты должны выполнять определённые действия, чтобы претендовать на эту гарантию. Выдающийся аффилиат-маркетолог Джейсон Фладлиен (который сделал 27 миллионов долларов за один день) недавно использовал невероятную гарантию для курса, который он продавал. Он заявил: «Если ты купишь этот курс и потратишь X $ на рекламу своего интернет-магазина, применяя описанные здесь методы, и не заработаешь денег, то я выкуплю у тебя этот магазин за 25 000 $, без лишних вопросов». Он утверждал, что эта безумная гарантия добавила к продажам курса за 2 997 $ дополнительные 3 миллиона долларов. При этом он сделал только 10 таких компенсаций по 25 000 $, что в итоге привело к дополнительной выручке в 2,75 миллиона долларов. Вот что делает безумная гарантия!

В целом, такая мощная гарантия определенно приведёт к увеличению продаж. Она особенно полезна, когда тебе нужно, чтобы твой потенциальный клиент выполнил ряд действий, и предполагается, что при выполнении этих условий вероятность неудачи минимальна. К тому же, иногда такая гарантия даже помогает клиентам добиться лучших результатов. Этот тип гарантии обычно превосходит традиционную 30-дневную гарантию возврата средств с точки зрения чистых конверсий (продажи минус возвраты).

[Условная] Гарантия Обслуживания

Что получает клиент: ты продолжаешь работать с ним бесплатно, пока не будет достигнута цель X.

Моё мнение: это, пожалуй, моя любимая гарантия за всё время. Она фактически гарантирует, что клиент достигнет своей цели, но при этом исключает элемент времени. Ты никогда не рискуешь потерять деньги. Гарантия завязана на результат. Чтобы сделать её ещё более эффективной, ты можешь сделать эту гарантию условной: клиент должен выполнить определённые действия, связанные с успехом, такие как создание веб-страницы, участие в звонках, посещение тренировок, регулярное взвешивание, предоставление данных и т. д.

На практике: с тех пор как я стал рекомендовать этот тип гарантии различным бизнесам, я ещё не встречал случаев, когда клиент воспользовался ею. Реалистично, если клиент выполняет всё, что ты просишь, но не достигает результата в оговорённые сроки, обычно происходит одно из двух:

1. Увидев, как клиент стремится к результату, ты продолжаешь с ним работать, пока он не добьётся желаемого.

2. Всё просто заканчивается. Клиент, скорее всего, уже очень близок к своей цели, а значит, доволен. К тому же разговор о продаже с упоминанием гарантии, скорее всего, состоялся несколько месяцев назад. То, что тогда казалось важным, теперь стало далёким воспоминанием, заменённым привязанностью к тебе/твоему бизнесу.

[Условная] Модифицированная Гарантия Обслуживания

Что получает клиент: ты предоставляешь им ещё один период длиной Y, в течение которого они могут пользоваться твоими услугами или продуктами бесплатно. Обычно Y должен быть как минимум в два раза больше первоначальной продолжительности.

Моё мнение: это похоже на стандартную гарантию обслуживания, но она привязывает твоё дополнительное участие к конкретному сроку. Вместо того чтобы зависнуть в этом «навсегда», ты берёшь на себя обязательства на дополнительный период Y. Я видел, как это прекрасно работает, удерживая бизнес на плаву в течение более ограниченного периода времени, что может быть для тебя проще на старте, прежде чем ты перейдёшь к полноценной гарантии «до результата», описанной выше.

[Условная] Гарантия на Основе Кредита

Что получает клиент: ты возвращаешь им уплаченную сумму, но в виде кредита на любую другую услугу, которую ты предлагаешь.

Моё мнение: это лучше всего работает в процессе апселла, чтобы подтолкнуть клиента к покупке услуги, которая может ему не понравиться, и в которой он пока не уверен. Им уже нравится то, что у них есть, а ты пытаешься продать им ещё больше того же. В худшем случае они могут использовать кредит на то, что им уже нравится. Это помогает сохранить хорошие отношения с клиентом.

[Условная] Гарантия Персонального Обслуживания

Что получает клиент: ты работаешь с ним индивидуально, бесплатно, пока он не достигнет определённой цели или результата X.

Моё мнение: это, без сомнений, одна из самых мощных гарантий, которые только существуют. Это как гарантия сервиса, только на максимуме. Однако ты *однозначно* захочешь добавить условия: клиент должен отвечать в течение 24 часов, использовать те продукты, которые ты ему рекомендуешь, выполнять XYZ. Только при соблюдении этих условий ты продолжишь работать с ним лично.

Эта гарантия особенно эффективна, когда ты масштабируешься и укрепляешь свою репутацию как владелец бизнеса. Можешь ли ты представить, чтобы кто-то из моих продажников сказал: «Алекс будет лично работать с тобой, пока твой оффер не начнёт конвертировать»? Звучит здорово. Это бы сработало. Но это было бы полным кошмаром. Поэтому я, скорее всего, установил бы такие условия, как: «При условии, что ты уже потратил 10 000 $ на свой текущий оффер, используя нашу структуру, оффер, который ты запустил, был направлен на генерацию лидов, и это был бесплатный оффер». Эти моменты делают маловероятным то, что клиент не достигнет успеха. А если, по какой-то причине, он всё же *не достигнет* результата, следуя этим условиям, я, вероятно, смогу исправить его проблему за десять минут, просто взглянув на неё.

[Условная] Гарантия с Оплатой Отеля и Перелёта

Что получает клиент: если ты не получишь ценности, мы возместим деньги за твой продукт *и* оплатим твой отель и перелёт.

Моё мнение: технически, это «возмещение дополнительных расходов» из нашего первого примера. Мне очень нравится применять это для семинаров и личных встреч. Обычно мероприятие стоит дороже, чем расходы на отель и перелёт, так что это добавление дополнительных 1 000 $ к гарантии, но гораздо ощутимее. Идея достаточно оригинальная, чтобы людям она понравилась.

[Условная] Гарантия Оплаты Рабочего Времени

Что получает клиент: ты предлагаешь оплатить их почасовую ставку, какой бы она ни была, если они посчитают, что звонок/сессия с тобой не была ценной.

Моё мнение: это тоже гарантия возврата дополнительных расходов, но очень оригинальная. Если кто-то когда-либо действительно потребует оплату за своё рабочее время, просто попроси его предоставить налоговую декларацию и раздели доход на 1 960 (количество рабочих часов при 40 часах в неделю за год). Но никто, требующий возврата, на самом деле этого делать не станет, так что тебе никогда не придётся реально выплачивать такую гарантию. Никогда.

[Условная] Гарантия Расторжения Контракта

Что получает клиент: ты позволяешь им расторгнуть контракт без каких-либо штрафов.

Моё мнение: эта гарантия аннулирует обязательства или отменяет плату за расторжение. Если у тебя бизнес с юридически обязывающими контрактами, обязательствами или положениями, это может стать мощной гарантией. Ещё лучше, если твой бизнес не применяет жёстких мер по принуждению к выполнению условий контрактов, то ты ничего не теряешь, добавляя эту гарантию.

[Условная] Гарантия Отсрочки Второго Платежа

Что получает клиент: ты не выставляешь счёт на второй платёж до тех пор, *пока* он не сделает и не получит свой первый результат. Например: сбросит свои первые 5 килограммов, сделает свою первую продажу, запустит свой вебсайт и т. д.

Моё мнение: мне очень нравится этот подход, особенно если у тебя есть систематизированный процесс достижения первого результата. Это заставляет потенциального клиента мыслить категориями быстрых действий и заставляет его действовать. К тому же это мотивирует твою команду активировать клиента. Это отличный вариант, когда ты знаешь, какая метрика или действие приводит к активации клиента (прогнозный показатель долгосрочного удержания). Я успешно использовал эту гарантию множество раз.

[Условная] Гарантия Первого Результата

Что получает клиент: ты продолжаешь оплачивать их дополнительные расходы (реклама, отель и т. д.), пока они не достигнут первого результата. Пример: если клиент не совершит первую продажу в течение 14 дней, ты оплатишь его расходы на рекламу, пока он не сделает это.

Моё мнение: это похоже на гарантию отсрочки второго платежа, но привязанную к другим затратам. Мне лично очень нравится такая схема. Она концентрирует внимание всех на получении первого доллара. Как только этот шаг преодолен, второй шаг не заставит себя ждать.

[Антигарантия] Все Продажи Окончательны

Что получает клиент: доступ к неверсятно эксклюзивному и ценному продукту/услуге. Скорее всего, это мощный инструмент, увидев который однажды просто невозможно «развидеть», или после начала использования невозможно забрать. Пример: строка кода для улучшения процесса оформления заказов на сайте. После получения этого кода клиент может попытаться использовать его, не заплатив тебе. Или, например, набор стартовых фраз для знакомства с девушками или отправки сообщений потенциальным клиентам. Это вещи, которые обладают высокой ценностью, но их невероятно легко украсть после того, как увидел/понял.

Моё мнение: это может усилить убедительность продажи и ценность продукта/услуги. По сути, она *подразумевает*, что клиент собирается использовать продукт и получить огромную выгоду, тем самым подвергая бизнес уязвимости. Это работает как компрометирующее признание. У нас есть политика «все продажи окончательны», *но* это связано с тем, что наш продукт настолько эксклюзивен и настолько эффективен, что, однажды применив его, его невозможно «разприменить». Так как наличие хоть какой-то гарантии стало стандартом, её отсутствие привлекает внимание.

Поэтому, вместо того чтобы быть неуверенным, положись на тот факт, что эта гарантия работает так хорошо и её так легко повторить, что ты *обязан* сделать все продажи окончательными. Это только усилит доверие. Пример: «Мы покажем тебе нашу запатентованную методику, которую мы используем прямо сейчас для привлечения лидов в наш бизнес. Наши воронки, рекламу и метрики. Мы раскроем внутренние процессы нашего бизнеса, и поэтому все продажи окончательны». Примечание: здесь нужна веская причина. Просто придумай что-то одно, но убедительное. Чем больше ты покажешь *реальной* эксклюзивности, тем эффективнее это будет.

Антигарантии также отлично работают с дорогостоящими продуктами и услугами, которые требуют значительных усилий или настройки. Пример: «Если ты относишься к тому типу клиентов, которым нужна гарантия перед тем, как сделать шаг, то ты не тот человек, с которым мы хотим работать. Мы ищем мотивированных инициативных людей, которые способны следовать инструкциям и не ищут способа отказаться ещё до начала работы. Если ты не настроен серьёзно — не покупай это. Но если ты настроен серьёзно, тогда тебя ждёт огромный успех.» На этих примерах ты должен уловить основную идею.

Подразумеваемые Гарантии: Модели Производительности, Разделение Доходов и Распределение Прибыли

Производительность: a) ...Платите мне только XXX $ за продажу/XXX $ за показ; b) XX $ за каждый потерянный килограмм

Доля дохода: a) 10% от общего дохода; b) 20% от прибыли; c) 25% от роста выручки относительно базового уровня

Доля прибыли: a) X% от прибыли; b) X% от валовой прибыли

Доля в капитале: a) 10% при превышении X; b) 20% при превышении Y; c) 30%

при превышении Z

Бонусы/Триггеры: Я получаю X, когда происходит Y.

Что получает клиент: если ты не достигаешь результата, клиент ничего не платит. Если ты достигаешь результата, оплата рассчитывается на основе заранее согласованного условия, принятого до начала работы.

Моё мнение: модели производительности, разделение доходов и распределение прибыли не являются прямыми «гарантиями», но по сути ими и являются. Подразумеваемая гарантия возникает, когда ты вступаешь в партнерство с разделением доходов или на основе производительности: если я не приношу деньги, ты мне не платишь. На мой взгляд, это одна из самых, если не САМАЯ предпочтительная модель. Во-первых, она делает тебя ответственным за результаты твоих клиентов. Во-вторых, она отсеивает слабых исполнителей. Идеальное совпадение интересов между клиентом и исполнителем услуг способствует сотрудничеству и долгосрочным отношениям. Я большой фанат этой модели. Однако есть минусы: отслеживание и сбор данных. Если ты найдёшь способ справиться с этим, то это настоящий золотой рудник. Эта модель входит в оффер, которому мы обучаем наши агентства, использующие наше программное обеспечение. Мы помогаем им перейти с фиксированных платежей на модель производительности и интегрировать это в Оффер Большого Шлема. Я видел, как многие агентства переходили с 20 тыс. долларов/мес. до 200 тыс. долларов/мес. всего за несколько месяцев.

Ты также можешь сочетать модель разделения доходов с минимальной оплатой. Например: «Мы получаем большее из двух значений: 1 000 $ или 10% от полученного дохода». Таким образом, если клиент не зарабатывает деньги по какой-либо причине, это хотя бы покрывает твои затраты на услуги. Или, например, мы получаем 1 000 $/мес. в первые 3 месяца, а затем переходим на 100% модель производительности. Это идеально для моделей, где нужно время, чтобы разогнаться.

Эти типы офферов отлично работают, когда есть измеримые результаты. Самый сильный вариант, конечно, — это отсутствие гарантированных выплат без достижения результата.

Создай свою собственную идеальную гарантию

Устранение риска — это способ номер один для повышения конверсии твоего оффера. Опытные маркетологи уделяют созданию гарантий столько же времени, сколько разработке самого продукта. Это действительно важно.

Я лично использовал все приведенные выше гарантии (кроме тех, что связаны с отелем и звонками, которые я недавно увидел, и они мне понравились). Но ты можешь придумать свою собственную! Ключ к успеху — определить основные страхи, боли и предполагаемые препятствия клиента. «Чего они *не* хотят, чтобы произошло, если они тебе заплатят? Чего они боятся больше всего?» Преврати их страхи в гарантию. Учти время, эмоции и внешние расходы, связанные с любым продуктом или услугой. Чем конкретнее и креативнее твоя гарантия, тем лучше.

Тем не менее, гарантии — это всего лишь усилитель. Они могут повысить привлекательность любого оффера, но не смогут построить бизнес. Если гарантия используется для маскировки плохой работы отдела продаж или слабого продукта, то это приведёт к многочисленным возвратам. Не самая лучшая идея.

Мой совет: начни с предоставления гарантий, основанных на обслуживании или настрой партнерские отношения, зависящие от производительности. Это сделает все продажи окончательными (и не будет страха возврата денег). Главное, что это обяжет тебя гарантировать результаты твоим клиентам и позволит тебе быть честным. После этого либо сохраняй эту гарантию и масштабируй (идеально), либо переходи к менее строгим гарантиям, чтобы увеличить объем продаж.

Теперь у нас есть основной оффер, и выбраны гарантии.

Дальше…

Теперь нам осталось только довести всё до совершенства и дать этому офферу название. Правильное название оффера определяет, насколько хорошо сработает твоя реклама, насколько мощным будет отклик на исходящие письма/холодные звонки/сообщения, а также сколько входящих запросов ты получишь через органические комментарии.

Это важно.

При этом я покажу тебе, как генерировать неограниченное количество названий или «обёрток» для твоего оффера. Таким образом, он никогда не надоест аудитории, какой бы маленькой ни была твоя ниша. Это ключ к вечнозелёному генератору лидов.

БЕСПЛАТНЫЙ ПОДАРОК #9: БОНУС — СОЗДАЙ ИДЕАЛЬНУЮ ГАРАНТИЮ ВМЕСТЕ СО МНОЙ

Гарантии могут либо укрепить бизнес, либо разрушить его. Они словно динамит — в руках эксперта это невероятно мощный инструмент. Перейди на **Acquisition.com/training/offers** и выбери **«Создание гарантий»**, чтобы посмотреть короткий видеоурок. Начни использовать это в своем бизнесе уже сейчас, чтобы быстрее увеличить продажи. Я также подготовил **бесплатный чек-лист гарантий**, который ты можешь использовать при создании всех переменных. Если не хочешь вводить адрес вручную, просто отсканируй QR-код. Как всегда, это абсолютно бесплатно. Наслаждайся!

Улучшение Оффера: Название

«Эффект скрытого эгоизма: мы обычно тянемся к вещам и людям, которые больше всего на нас похожи.»

М-А-Г-И-Я ФОРМУЛА ЗАГОЛОВКА

Как дерево, которое падает в лесу, никто не слышит, так и Оффер Большого Шлема не принесёт тебе денег, если никто о нём не узнает. Цель должна быть в том, чтобы твои идеальные потенциальные клиенты, услышав о твоём оффере, заинтересовались настолько, чтобы действовать. Правильное название — ключевая часть этого процесса.

Вот пример. Ты видишь «Бесплатная шестинедельная программа для снятия стресса» и «Сеанс в центре флоатинга». Хотя это может быть одно и то же, просто названное по-разному, ты с большей вероятностью откликнешься на первое.

Теперь к сути: со временем офферы устают. И на местных рынках это происходит ещё быстрее. Почему? На местном рынке охватить всю аудиторию стоит относительно недорого. На большинстве платформ ты можешь охватить 1 000 человек примерно за 20 $. Таким образом, если в твоей зоне охвата 200 000 человек, тебе потребуется всего 10 000 $, чтобы охватить их всех один раз.

<u>Важное предупреждение:</u> однократный охват аудитории *ни в коем случае* не означает, что оффер устарел. Большинство людей даже не замечают оффер с первого раза. Именно поэтому тебе нужно создавать новые креативы (видео, изображения), новые зацепки, истории и тексты вокруг одного и того же оффера. Ты можешь использовать оффер долгое время. Но если речь идёт о *годах* использования, а не о месяцах, офферы могут со временем надоедать.

Со временем ты можешь переименовать оффер, чтобы обновить его. Эта концепция будет генерировать лиды бесконечно. Я серьёзно. Так что обрати внимание: мы не меняем сам оффер. Мы просто меняем *обёртку*.

Если ты собрал пакетное предложение, то в конечном счёте ты всё равно будешь делать то же самое. Работа, которую ты выполняешь, услуги, которые ты предоставляешь, и продукты, которые ты предлагаешь, останутся неизменными, даже если название меняется. Снова повторюсь: мы просто меняем обёртку.

Вот самая простая формула, которую я придумал для этого процесса:

М-А-Г-И-Я ФОРМУЛА ЗАГОЛОВКА

Магнит — СОЗДАЙ МАГНЕТИЧЕСКУЮ ПРИЧИНУ

Аватар — ОБОЗНАЧЬ СВОЕГО АВАТАРА

Горизонт → ДАЙ ИМ ЦЕЛЬ

Интервал — УКАЖИ ВРЕМЕННОЙ ИНТЕРВАЛ

Ящик — ДОПОЛНИ УПАКОВОЧНЫМ СЛОВОМ

Важное замечание: не все эти компоненты обязательны. Обычно при создании названия для программы или услуги ты используешь от трёх до пяти элементов. Если ты сможешь задействовать все, отлично, но, скорее всего, название станет слишком длинным.

Чем короче и ярче название, тем лучше. Здесь важно найти баланс между краткостью и конкретикой. Единственный способ узнать, что точно сработает, — это написать варианты названий и протестировать их.

А теперь давай разберём компоненты.

> ### Примечание автора: Теория маркетинга
>
> Если тебе интересно понять концепции, лежащие в основе моей формулы (М-А-Г-И-Я), вот что они примерно означают: Внимание (М-Магнит), Разделение (А-Аватар), Цель (Г-Горизонт), Временная шкала (И-Интервал), Метод (Я-Ящик)

Создай магнетическую «Причину почему»

Мы начинаем название со слова или фразы, которая объясняет людям «почему» мы запускаем эту акцию.

Я часто советую людям мыслить, как организатор студенческих вечеринок. Когда я учился в колледже, мы как-то устроили вечеринку просто потому, что одному парню удалили зуб мудрости. К чему я это? «Причина почему» может быть буквально любой.

На самом деле не так важно, какая это причина, если ты в неё веришь. Ты даже можешь пошутить, как в примере со студенческой вечеринкой. Но она должна отвечать на один или оба из следующих вопросов: *Почему они делают такое отличное предложение? Или почему я должен откликнуться на это предложение? / Что я получу?*

Примеры: бесплатно, скидка 88%, розыгрыш, весна, лето, снова в школу, торжественное открытие, новое руководство, новое здание, юбилей, Хэллоуин, Новый год.

Примечание: в третьей книге: «Модели Доходов» я расскажу, как монетизировать бесплатные и скидочные предложения.

Обозначь своего аватара

Этот компонент указывает на твоего идеального клиента: кого ты ищешь и с кем не хочешь работать. Постарайся быть максимально конкретным, но не перегибай. Если речь идёт о местном рынке, то чем конкретнее ты определишь аудиторию, тем лучше это будет работать. Не просто город, а определённый район. Не Балтимор, а Таусон, штат Мэриленд. Не Чикаго, а Хинсдейл и т. д.

Примеры: стоматологи из Би Кейв, мамы из Роллинг Хиллс, владельцы офлайн-бизнесов, владельцы салонов красоты, спортсмены на пенсии, топ-менеджеры из Бруклина.

Дай им цель

На этом этапе ты формулируешь желаемый результат твоего потенциального клиента. Это может быть одно слово или фраза. Это может быть событие, ощущение, впечатление или результат — всё, что может их вдохновить. Чем конкретнее и ощутимее, тем лучше.

Примеры: без боли, улыбка знаменитости, 1-е место, никогда не задыхаться, идеальный продукт, Оффер Большого Шлема, маленькое чёрное платье, удвой свою прибыль, первый клиент, высокие чеки, семизначные доходы, 100 тысяч и т. д.

Укажи временной интервал

Здесь ты просто даёшь людям понять время ожидания. Это показывает, сколько времени потребуется для получения ожидаемого результата.

Важно: если ты делаешь какое-либо количественное заявление (например, рост дохода или потеря веса), то большинство платформ *не* одобрят такое сообщение *с* указанными сроками достижения результата, так как это подразумевает гарантию. Это может противоречить правилам многих платформ, так как создаёт впечатление обязательного результата в указанный срок. Поэтому не указывай конкретный результат с временными рамками, если твоя платформа этого не допускает. Тем не менее, длительность — это мощный элемент Оффера Большого Шлема, который стоит использовать там, где ты можешь обойтись без строгого соблюдения правил. Если же цель, в которой ты помогаешь клиенту, не является формальной «заявкой», то обязательно используй временной интервал. Например, вместо «10 000 $ за 10 дней» используй «Сделай свою первую продажу за 10 дней».

Примеры: АА минут, ВВ часов, СС дней, DD недель, Z месяцев, «4 часа», «21 день», «6 недель», «3 месяца».

Дополни смысловым словом

Смысловое слово указывает на то, что твой оффер представляет собой сборник различных элементов, объединённых вместе. Это система. Это то, что нельзя сравнить с обычными альтернативами.

Примеры: Челлендж, Пошаговый план, Буткемп, Интенсив, Инкубатор, Мастер-класс, Программа, Детокс, Опыт, Саммит, Акселератор, Быстрый старт, Короткий путь, Спринт, Запуск, Катапульта, Взрыв, Система, Ретрит, Встреча, Трансформация, Мастермайнд, План игры, Глубокое погружение, Воркшоп, Возвращение, Перерождение, Атака, Штурм, Перезагрузка, Решение, Взлом, Код, Взлёт и т. д.

Полезный совет. Найди время для рифмы

Хорошие рифмы запоминаются. Добавь рифму в название твоей программы, чтобы привлечь внимание.

Найди в Гугле «словарь рифм» для простого сокращения. Не пытайся принуждать себя. Это не обязательное требование, это просто «приятный бонус».

Примеры: Интенсивный прогресс «В кубиках пресс», 5-дневный спринт «Книжный принт», Глубокое погружение Брака преображение, 12-ти недельный семинар «Легко в лунку двойной удар», Годовой курс «Сбрось долгов груз», Ускоренный результат «Звездный зад», Крутой мастер-класс «Сделай попу экстра-класс!» (просто забавно звучит) и т. д.

В общем ты понял мысль.

> ### Полезный совет. Аллитерация
>
> Аллитерация — это когда все (или почти все) слова начинаются с одной и той же буквы или звука.
>
> Если рифма не получается, то можно попробовать использовать аллитерацию для названия программы. Для большинства людей это проще, чем рифмовать. Опять же, не нужно принуждать себя делать это.
>
> Примеры: Мастер-класс «Максимальная Монетизация» (МММ), Игра «Измени себя» (ИИ), Учебный лагерь «Удачный Улов» (УУУ), «Детокс долгов» (ДД), «Рестарт Риэлтора» (РР), Лифтофф с Лайф-коучем (ЛЛ) т. д.

Я могу показаться странным, но придумывать названия для офферов — это одна из моих любимых частей этого процесса. Я хочу ещё раз подчеркнуть: твоя реальная финансовая модель, ценообразование и услуги останутся практически неизменными. Изменение «обёртки» означает лишь смену внешнего восприятия того, что из себя представляет твой Оффер Большого Шлема.

Ниже приведены несколько примеров названий офферов для разных отраслей.

Оздоровление

Бесплатный шестинедельный марафон «Приведи себя в форму к Хэллоуину»

88% скидка на «12-недельный план подготовки к пляжу»

Бесплатное 21-дневное преображение для мамочек

60-минутная система укладки «Заставь подруг завидовать твоей причёске»

Шестинедельный челлендж «Снятие стресса»

(Бесплатно!) Боль в спине? Исчезнет за 42 дня... Экспресс-курс восстановления

Медицина

Скидка 2 000 $ на «Преображение улыбки знаменитости»

«Мамы Лейквея» — 1 500 $ скидка на брекеты для ваших детей

«Мамы Лейквея» — 12 месяцев до идеальной улыбки (скидка 1 000 $ для 15 семей)

Бесплатная акция «Брекеты к началу учебного года»

В день открытия клиники - бесплатный рентген и лечение — мгновенное облегчение

«Забудь о боли в спине!» Экспресс-курс исцеления за 90 дней (скидка 81%)

Напряжение в мышцах? Массаж за 1 $ для новых клиентов в летний период

Коучинг

5 клиентов за 5 дней — подробный план

12-недельный интенсив агентства «7F»

Найди идеальный запуск продукта за 14 дней

Заполни свой тренажерный зал за 30 дней (Бесплатно!)

Я мог бы продолжить, но, надеюсь, ты уловил суть. Теперь твоя очередь придумать названия для своего Оффера Большого Шлема.

Ещё раз повторю - тебе не нужно обязательно использовать все компоненты заголовка. Обычно достаточно трёх-пяти, чтобы создать что-то более уникальное и привлекательное, что позволит выделиться среди конкурентов, привлечь внимание, повысить вовлечённость и, в конечном итоге, заработать деньги.

Более того, не нужно строго придерживаться порядка М-А-Г-И-Я. Делай так, как звучит лучше всего для тебя. Со временем ты заметишь, что одни офферы конвертируют лучше, чем другие. Это естественно. И иногда тебе удастся создать название, которое взлетит как ракета. Честно говоря, я сам порой не понимаю, почему одни названия работают, а другие — нет. Так что не переживай об этом. Продолжай пробовать. Продолжай вычеркивать. Затем пробуй снова. У тебя всё получится.

Теперь, когда у тебя уже есть несколько рабочих названий для оффера, выбери два-три лучших и используй их в своей рекламной кампании. Быстро определи, какое сработает лучше, и используй его как основу для тестирования новых названий. Вот как ты продвигаешься.

> **Полезный совет. Давай названия дополнительным элементам и бонусам**
>
> Используй формулу волшебного заголовка для каждого элемента в твоём пакете и наборе. Это автоматически увеличит ценность твоих предложений, просто за счёт того, что названия будут находить отклик у твоей аудитории.

Что происходит, когда офферы устают

По мере продвижения офферов со временем тебе придётся создавать их вариации, так как вкусы рынка меняются. Вот порядок, в котором следует вносить изменения, чтобы поддерживать стабильный поток лидов:

1. Измени креатив (изображения и визуалы в твоих объявлениях).

2. Измени текст основной части рекламы.

3. Измени заголовок — «обёртку» твоего оффера.

   a. Пример: «Бесплатный 6-недельный марафон похудения» → «Бесплатный 6-недельный марафон тонуса».

   b. Пример: «Праздничное похмелье» → «Новый год — новый ты».

4. Измени срок действия твоего оффера.

5. Измени усилитель твоего оффера (твой бесплатный компонент или скидку).

6. Измени структуру монетизации, последовательность офферов, которые ты даёшь потенциальным клиентам, и ценовые ориентиры, связанные с ними (обсуждается во второй Книге).

Я придерживаюсь этой структуры изменений, потому что чаще всего нужно корректировать только первые несколько пунктов. Обычно их нужно менять снова и снова, не трогая те, что находятся в конце списка.

Например, когда реклама надоедает, мы не меняем весь наш бизнес — мы просто запускаем то же самое объявление с другим видео или изображением. Когда это перестаёт работать, мы меняем его снова. В конце концов тебе нужно изменить текст в твоих объявлениях. И повторить процесс. Только потом и только тогда, стоит менять «обёртку».

Предположим, мы меняем название с «6-недельного марафона снятия стресса» на «42-дневный расслабляющий праздничный марафон» для массажного центра. Это тот же основной оффер, но с другой «обёрткой». Затем, конечно, можно поменять продолжительность оффера — с шести недель на 28 дней или восемь недель и так далее. Чем ниже по списку ты спускаешься, тем больше потребуется операционных усилий, поэтому убедись, что ты исчерпал более «лёгкие» способы разнообразить твой оффер.

После того как ты монетизировал оффер, менять его следует крайне редко. Просто запускай его снова и снова. Это может быть сложно, потому что мы предприниматели *любим* перемены. Но изменения на этом этапе обычно приводят к неэффективности и операционной нагрузке, что в конечном итоге, стоит тебе денег. Это плохо.

Итак, сначала направь свою предпринимательскую энергию на изменение «обёртки» — «внешний вид» оффера (тексты, креативы, заголовки). Затем меняй сезонность оффера. После этого измени продолжительность. Если ты всё ещё застрял, пересмотри, что именно ты предлагаешь бесплатно или со скидкой. Менять всю конструкцию, стоящую за этим оффером, нужно *только* в крайнем случае и по действительно веской причине, особенно если ты уже добился какой-то стабильности.

Но как добиться первоначальной стабильности? Хороший вопрос. Попробуй структуру оффера и заголовок, которые, по твоему мнению, имеют наибольшие шансы сработать. А затем придерживайся их.

И если с самого начала конверсии низкие, не переживай. Со временем ты улучшишь результаты. Часто, если ты используешь эти модели, *многие* из них сработают. В таком случае остановись на той, которая даёт максимальную отдачу. Ты также можешь чередовать офферы, если это не создаёт значительной операционной нагрузки для твоего типа бизнеса. Это самая сильная позиция. У тебя есть несколько «тузов в рукаве», которые ты можешь использовать в любое время, поддерживая эффективность твоего маркетинга на ещё более высоком уровне.

> **Примечание автора. Маркетинг местных бизнесов**
>
> Иронично, но маркетинг местных бизнесов одновременно проще и сложнее, чем маркетинг на национальном уровне. Начать работать легче, но сложнее поддерживать эту работу и масштабироваться. Причина в том, что на местных рынках легче завоевать доверие, так как люди привыкли к знакомому. Поэтому продавать лично по более высоким ценам на местном рынке изначально проще. Это значит, что ты конвертируешь значительно больший процент своих лидов. Это заставляет маркетинг срабатывать чаще.
>
> Недостаток местного маркетинга заключается в том, что офферы быстро теряют эффективность, потому что местный бизнес может обслуживать только ограниченный радиус. Если вспомнить ранее упомянутую концепцию, TAM (total addressable market — общий адресный рынок) для кирпичного и строительного бизнеса это только его ближайший радиус. Таким образом, чем меньше радиус, тем быстрее устают от офферов. Это и есть палка о двух концах в местном маркетинге.
>
> Умение быстро менять свои офферы, заголовки и креативы, когда у меня были местные бизнесы, было краеугольным навыком, который значительно упростил для меня выход на общенациональный уровень рекламы. Поэтому, если ты работаешь на местном рынке, помни, что ты не будешь менять ценность твоего оффера. Ты просто изменишь то, как он выглядит для рынка в твоём маркетинге.

Резюме по выбору названия

Мы должны правильно назвать наш оффер, чтобы привлечь нужную аудиторию к нашему бизнесу. Как гласит пословица, люди действительно *судят* о книге по её обложке. Небрежное название твоего продукта или оффера может погубить конверсию. Не становись жертвой ленивого подхода. Следуй шагам, описанным здесь, чтобы назвать твой продукт или услугу, и увидишь, как один и тот же оффер может дать в 2, 3 или даже 10 раз больший отклик. Ты поверишь в это, когда увидишь сам — я знаю, так было.

Подведение итогов раздела «Улучшение Оффера»

Поздравляю! Ты разобрался, как сделать свой оффер ценным, как разбить свои услуги на составные части и объединить лих заново в более ценное предложение.

Ты добавил гарантию, чтобы больше людей купили твой оффер и действительно воспользовались им, чтобы достичь успеха.

Ты представил его с элементами срочности и дефицита, чтобы вызвать у большего числа людей желание приобрести его.

И вот, ты назвал свой оффер так, чтобы он привлекал нужных потенциальных клиентов и отталкивал неподходящих, при этом содержал мощное обещание, понятное каждому.

Но мы уже прошли через многое, поэтому я хочу дать тебе немного передохнуть, прежде чем мы перейдём ко второй книге, где я помогу тебе привлекать клиентов и монетизировать твой оффер.

БЕСПЛАТНЫЙ ПОДАРОК #10: БОНУС — СОЗДАЙ ИДЕАЛЬНОЕ НАЗВАНИЕ ДЛЯ СВОЕГО ПРОДУКТА

Правильное название продукта помогает твоему аватару понять, что продукт создан для них, он ценен и решает их проблемы. Если ты хочешь сделать это вместе со мной в живую, зайди на **Acquisition.com/training/offers** и выбери **«Наименование продуктов»**, чтобы посмотреть короткий видеоурок и начать использовать эти знания в своем бизнесе для увеличения продаж. Я также создал **бесплатный чек-лист формулы названия**, который ты можешь использовать самостоятельно и вместе со своей командой. Он также подходит для названий промоакций. Ты также можешь отсканировать QR-код, если не любишь набирать текст. Как всегда, это абсолютно бесплатно. Наслаждайся!

РАЗДЕЛ V
ВНЕДРЕНИЕ НА ПРАКТИКЕ

Как реализовать это в реальном мире?

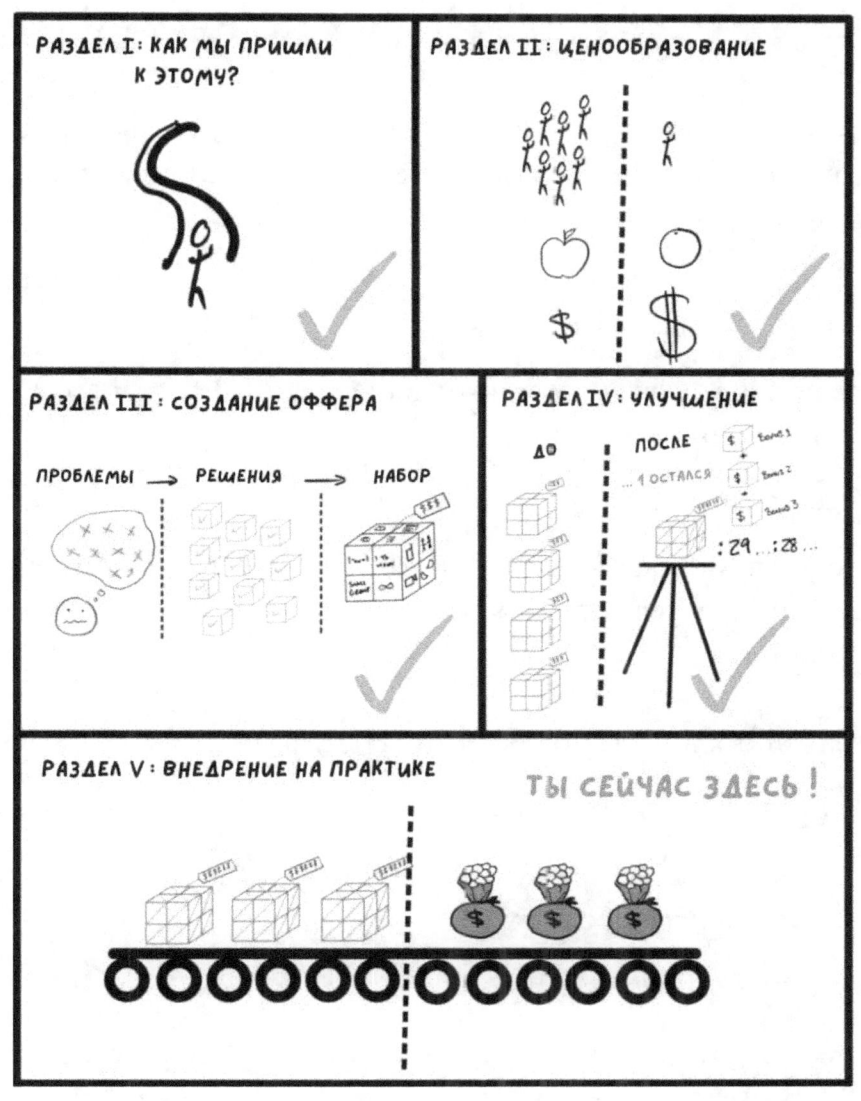

Твои первые 100 000 $

«Первые 100 000 $ — это ад, но ты должен их сделать. Мне всё равно, что для этого придётся делать — даже если это означает ходить пешком и есть только то, что куплено по купону. Найди способ заработать эти 100 000 $. После этого можно будет немного сбавить обороты.»

- Чарли Мангер, вице-президент Berkshire Hathaway

Март 2017.

Моё сердце колотилось. Я буквально чувствовал, как каждый удар отдаётся в моей груди. Я сжал челюсти, чтобы справиться с комком в горле, который, я знал, приведёт к слезам. Я хотел сдаться. Годы эмоций были заперты внутри. Годы игнорирования своей реальности и отсутствия успеха. Годы, когда я откладывал свои чувства, сосредоточившись только на *движении вперёд*. Давление нарастало. Я чувствовал это.

«Мы сделали это» — сказал я.

Лейла, теперь уже моя жена, посмотрела на меня. Она готовила ужин на кухне и замерла с лопаткой в руке.

«Что ты имеешь в виду?»

«Мы сделали это. Мы заработали 100 000 $» — Я едва мог произнести эти слова, боясь, что слёзы прорвутся через дрожь в голосе.

«Это выручка?»

«Нет. Это на наших личных банковских счетах»

«Боже мой, правда?! Это потрясающе!!»

Она бросилась ко мне, не обращая внимания на еду на плите, и обняла меня за шею, всё ещё держа в руке лопатку.

«Я так горжусь тобой».

Она сжала меня. Я буквально упал в её объятия. Словно все узлы, что я держал в себе годами, распутались в один миг. Я едва мог сдерживать себя. Но, когда я вспоминаю об этом, то понимаю, что это чувство было не радостью. Это было облегчение. Я перешёл от страха к уверенности. Я обменял чувство ежедневной неудачи, когда мой труд не приносил результата, на реализацию мечты. Постоянная тревога и страх «что мы будем делать?» *наконец* уступили место чему-то другому. У меня наконец-то появилось время, чтобы что-то почувствовать.

Я чувствовал, что глава жизни под названием «борьба» наконец-то завершилась.

«Смотри», — сказал я. «Это по-настоящему».

Я высвободил голову из объятий Лейлы. Мне не хотелось смотреть ей в глаза, потому что я знал, это могло бы выбить меня из колеи. Я достал телефон и показал ей экран. Мы оба уставились на неподвижное число на экране с балансом нашего личного банковского счёта.

101 018 $

Наши взгляды не отрывались от экрана, подтверждая новую, общую реальность. Это не была иллюзия. Это не была выручка. Это не была «прибыль», которая всё ещё лежала на счёте компании, чтобы потом быть потраченной на какую-нибудь непредвиденную ситуацию. Это не были «зарезервированные» деньги, которые нужно было использовать для погашения долга. Это были *наши* деньги. По-настоящему.

«Детка», — сказал я. «Мы можем облажаться и не заработать ни одного доллара три года подряд, и всё равно будем в порядке».

На тот момент 33 000 $ в год было более чем достаточно, чтобы покрыть наши текущие расходы на три года *с небольшим*.

Годы взлётов и падений. Годы, когда я вкладывал деньги в свой бизнес(ы), только чтобы наблюдать, как они исчезают в накладных расходах, зарплатах и ошибках. Годы семинаров, курсов, мастер-классов, коучинг-программ, мастермайндов... Н-А-К-О-Н-Е-Ц превратились в богатство. Я чувствовал, что прорвался на новый уровень. Относительный рост благосостояния был больше, чем я когда-либо испытывал.

Позже, когда на счету оказались десятки миллионов долларов, это всё равно было и остается моментом, когда я чувствовал себя самым богатым человеком в своей жизни. Это было началом новой главы в моей жизни как бизнесмена и предпринимателя.

Некоторые люди достигают этого быстро. Некоторые люди достигают этого медленно. Но каждый в итоге достигает этого, если не сдаётся. Продолжай двигаться вперёд. Продолжай вставать. Продолжай верить, что это возможно.

И так будет.

В двух словах

Мы многое изучили. И я думаю, что для того, чтобы информация усвоилась, её нужно консолидировать и повторить. Это своего рода список «на салфетке», чтобы подвести итог тому, что мы узнали, и почему это важно.

1. Мы разобрались, почему нельзя быть обычным товаром на этом рынке.

2. Почему стоит выбрать нормальный или растущий рынок, и почему ниши ведут к богатству.

3. Почему ты должен устанавливать высокие цены.

4. Как назначать высокие цены, используя четыре основных фактора ценности.

5. Как создать своё ценностное предложение за пять шагов.

6. Как наращивать ценность, предоставлять её и делать это прибыльно.

7. Как сместить кривую спроса в свою пользу, используя дефицит.

8. Как использовать срочность, чтобы подтолкнуть покупателей к действиям.

9. Как стратегически использовать бонусы для увеличения спроса на твоё предложение.

10. Как полностью устранить риск для покупателя с помощью креативной гарантии.

11. Как назвать свой оффер так, чтобы он находил отклик у твоего аватара.

Теперь у тебя есть ценное, высокомаржинальное, защищённое от конкуренции предложение формата «Большой Шлем». Это первый строительный блок успешного бизнеса — продукт или услуга, которую люди действительно хотят и которые решают их проблему. Для многих этого будет достаточно, чтобы увеличить продажи, поднять цены и повысить прибыль. Твой первый настоящий Оффер Большого Шлема может легко привести тебя к твоим первым 100 000 $. Но для других это может быть только начало, ведь они хотят *большего*. И это 100% твоё право, как предпринимателя.

Есть ещё так много нюансов для создания *прибыльной* машины по привлечению клиентов. Я не смог охватить всё это в одной книге. Из уважения к тебе я хотел сделать её подробной, но не перегруженной. Тем не менее, следующая книга посвящена именно этому — как *достичь большего*, генерируя лиды. В этой книге я разберу, как *точно* привлекать клиентов *с прибылью*. Это означает, что, если ты правильно выстроишь свои промокампании, тебе больше никогда не придётся платить за привлечение новых клиентов.

Именно об этом пойдёт речь в **Acquisition.com, Книга II: «$ 100 млн Лиды: Как сделать так, чтобы незнакомцы захотели купить твой продукт».**

Заключительные мысли

Предпринимательство — это приобретение навыков, убеждений и черт характера. Я считаю, что для продвижения вперёд нужно определить, каких навыков, убеждений и черт характера нам не хватает. Чаще всего нам просто нужно улучшить себя. И сделать это можно только через опыт и/или обучение из качественных источников. Я получал ужасные советы даже от тех, кто на тот момент был впереди меня. И хотя опыт — лучший учитель, он далеко не самый добрый.

Я искренне надеюсь, что всё, что я создаю, даёт ту самую поддержку, в которой я сам отчаянно нуждался, когда начинал свой путь в предпринимательстве. Мне бы хотелось вместить всё в одну книгу (и для твоего удобства, и для моего). Но чтобы оказать тебе ту услугу, которой мне самому не хватало, я не могу этого сделать. Дьявол кроется в деталях. Преимущество состоит в глубине знаний и нюансах. Именно это отличает великих от всех остальных. Я надеюсь, что в каждом моём произведении ты увидишь мою приверженность этим деталям и нюансам, которые и составляют *всю разницу*. Этот опыт был получен тяжело.

Я надеюсь, что ты получил удовольствие от первой книги моей серии Acquisition.com. Прежде чем мы перейдём ко второму тому, посвящённому генерации лидов, как упоминалось выше, я хотел бы вернуться к началу. После прочтения этой книги я надеюсь:

1. Ты уже на пути к созданию своего первого Оффера Большого Шлема. Или, по крайней мере, ты нашёл недостающие компоненты, которые помогут сделать твой оффер более привлекательным для рынка.

2. Я выполнил своё обещание, данное в начале этой книги: потратив 2–3 часа твоего времени на её изучение, ты получишь несоизмеримо большую отдачу, чем от любого другого занятия.

3. Надеюсь, что я сделал маленький шаг к тому, чтобы заслужить то, что для меня является самым ценным — твоё доверие.

И в конце концов, я надеюсь, что эта книга оставит свой небольшой след в улучшении мира, потому что я верю, что никто не придёт, чтобы нас спасти. Это наша задача, как предпринимателей, через инновации создавать лучший мир. И я готов посвятить этому свою жизнь. Надеюсь, что ты тоже.

Я благодарен за внимание. Ты мог бы направить его куда угодно, но выбрал уделить его мне. Я это высоко ценю. Так что искренне благодарю тебя.

Оставайся голодным,

Алекс

P.S. — (Смотри "золотой билет" ниже)

ЗОЛОТОЙ БИЛЕТ: ДОПУСК НА ОДНОГО

Если твой годовой чистый доход (не выручка) превышает 1 000 000 $ и ты хочешь, чтобы мы помогли масштабировать твой бизнес, заходи на Acquisition.com. Мы помогаем компаниям масштабироваться так прибыльно, *что тебе придётся разбогатеть всего один раз.* **Я не тот, кто учит «зарабатывать первый доллар», я тот, кто помогает «заработать последний доллар, который тебе когда-либо понадобится». Если это про тебя, ты достаточно сообразительный, чтобы понять, как связаться со мной через мой сайт и забронировать звонок. Буду рад встретиться, услышать твою историю и узнать, можем ли мы быть тебе полезны.**

Хочешь расти быстрее? Если да...

БОНУС-ГЛАВА: Между этой книгой и моей следующей я выпустил отдельную главу, чтобы ответить на самый популярный вопрос моей аудитории — «Как выбрать, кому продавать?» Ответ я изложил в самостоятельной главе, которую назвал «Твой первый аватар». Ты можешь бесплатно скачать её здесь: **https://acquisition.com/avatar**

СЛЕДУЮЩАЯ КНИГА. Ты можешь сзнакомиться с моей **следующей книгой**, которая называется: Acquisition.com Книга II: «$100 млн Лиды: Как сделать так, чтобы незнакомцы захотели купить твой продукт**». Она посвящена генерации лидов. Ты никогда не останешься без новых клиентов, если будешь следовать шагам, описанным в этой книге (особенно теперь, когда у тебя уже есть построенный оффер). Я пока не уверен, что это финальное название (книга всё ещё в редактуре), но, если ты поищешь моё имя, ты её найдёшь. Вероятно, она также появится на моём сайте Acquisition.com (надеюсь).

АУДИОКНИГА. Если ты предпочитаешь слушать книги и всегда иметь их под рукой (как делаю я), ты можешь приобрести версии **audible и kindle любой из моих книг на Amazon**. Мне нравится одновременно читать и слушать, чтобы быстрее усваивать материал. Просто введи название книги в поиск, и ты найдёшь обе версии.

ПОДКАСТ. Если тебе нравится слушать, у меня есть **подкаст под названием «The Game»**, где ты найдёшь короткие эпизоды с тактическими уроками (извлечёнными из ошибок), которые помогут тебе быстрее достичь твоих целей. Ознакомься с подкастом здесь: alexspodcast.com

YOUTUBE. У меня есть YouTube-канал с новыми обучающими роликами, которые выходят несколько раз в неделю. Просто найди меня по имени **«Alex Hormozi»**, и ты найдёшь канал.

INSTAGRAM. Если тебе больше нравятся личные публикации, ты можешь следить за мной в Instagram: **@hormozi**